Spec-up! Skill-up!

SJPT 실전 모의고사

3S

예빈우
도서출판

Spec-up! Skill-up!

SJPT 실전 모의고사

일본어를 배우는 학습자들은 어휘나, 한자, 문법 등은, 거의 현지인들도 놀랄만큼 완벽하게(?) 알고 있는 경우가 많다. 그러나, 본인이 알고 있는 것을 말로서 표현할 경우, 억양, 발음, 표현, 문장의 구성 등에서 본인의 실력보다 훨씬 밑의 수준(?)으로 구사한다.

물론, 현지 경험이 전혀 없거나, 조금밖에 없을 경우를 말한다. 심지어, 어느 정도의 일본유학이나 연수의 경험이 있어도 회화능력이 상당히 떨어지는 경우도 있다. 왜 그럴까? 저자의 생각으로는, 학습자가 일본어는 한국어와 어순이 같기 때문에 어휘만 많이 알고 있으면 된다는 안일한 생각을 하고 있기 때문일 것이다.

그러면 어떻게 하면, 자연스럽고, 일본어다우며, 일본인처럼 대화를 할 수 있을까 라는 의문이 남는다. 단언컨데, 연습밖에 없다. 무작정 일본어를 읽는 것은 좋지 않다. 가급적이면, 일본 인터넷 방송이나, 현재 방영 중인 일본드라마(소위 말하는 일드)를 통해서, 아나운서나 배우들이 하는 발음, 액센트, 인토네이션(억양) 등을 듣고, 그대로 흉내내는 연습을 많이 하기를 바란다. 모방은 창조의 어머니라고 하지 않는가? 학습자가 모방하는 속에서, 언젠가 그것이 본인의 일본어회화 실력으로 발휘될 것이다.

요즘, 필자의 아들이 일본어공부를 많이 한다. 억지로 시키는 것이 아니고, 필자의 직업 때문이라는 생각이 든다. 가끔 SNS에 올려 여러분들로부터 놀람과 호평(?)도 받는다. 히라가나부터 가르치는 것이 아니라, 어릴 때부터 일본여행을 자주 다니다 보니, 저절로 일본어에 관심을 가지게 되었고, 필자인 아버지가 인터넷강의를 하는 것을 보고 따라하는 것 같다. 어린 녀석이 아버지 흉내를 내는 것을 보면 흐뭇하기도 하다. 아직 상당히 미숙하지만, 억양이나 발음은 거의 현지인과 같은 수준으로 구사한다. 스스로가 그들(일본인)의 억양이나 발음을 흉내내고 있는 것이다.

이처럼, 모방이라는 것은 엄청난 힘을 가지고 있다. 학습자 여러분들도 모방을 거듭하여, 그 모방이 기가막힌 창조가 되기를 바란다.

조만간 본 교재를 통해서 공부한 학습자들로부터 Lever 10을 받았다는 좋은 소식을 듣고 싶다. 여러분의 건투와 안녕을 빈다.

저자 이장우

목차

구성 및 특징

SJPT는 일본어 말하기 시험이므로, 문법적인 표현이나 설명보다, 회화적인 표현을 더욱 많이 학습을 해야만 높은 레벨을 받을 수 있다. 물론, 문법적으로 완성되지 않은 표현으로 응답을 했을 경우에는, 낮은 레벨의 자격을 취득한다. 다만, 학습자가 기본적인 문법을 숙지하고, 본 교재로 공부를 한다면, SJPT에 대비해서 충분한 자신감을 가질 수 있을 것이다.

본 교재는 총 3회의 모의고사로 구성되어 있다. 수험생들은 실전문제를 많이 접해야 높은 레벨의 점수를 취득할 수 있다. 필자는 자주 SJPT시험을 치는데 최신경향의 문제를 분석해야만 수험생들에게 양질의 문제를 제공할 수 있고, 좋은 교재를 집필할 수 있기 때문이다. 다양한 문제를 푸는 것도 중요하지만, 실전에 가까운 문제를 학습함으로써 얻는 효과는 상당하다.

높은 레벨의 점수를 받기 위해서는, 파트1에서 파트3은 일정할 룰에 따라서 응답을 하는 것이 가장 중요하다. 그리고 파트4에서 파트7까지는 일본인들이 일상생활에서 사용하는 어휘와 문장 표현 방식으로 대답해야 한다. 그래서 본 교재에 있는 모범답안은 가장 평범한 일본인이 구사하는 문장으로 구성하였다. 다양한 일본인들의 감수를 받아서 모범답안을 만들었기에 충분히 실전에 대비할 수 있을 것이다.

응답을 할 때의 알아야 할 표현과, 각 파트별에 맞춘 기본적인 회화, 문형, 예문들을 모범답안을 통해서 공부함으로써, 학습자들이 앞으로 실전에서 어떤 방식으로 대답을 해야 할지 알 수 있도록 하였다. 실제 일본인들이 가장 많이 사용하는 예문과 어휘, 문장형식으로 게재되어 있으므로, SJPT를 채점하는 선생님들이 높은 레벨의 점수를 줄 수밖에 없도록 구성하였다.

SJPT 출제 유형

Part 1 자기소개

이 파트는 매회 같은 문제가 출제가 된다. 따라서 정해진 질문에 대해서, 미리 준비한 대답을 확실하게, 자신감을 가지고 대답만 하면 된다. 2부 이후부터 출제되는 문제에 대비해서, 긴장감을 푸는 단계이므로, 일본어로 대답할 수 있는 준비를 해 두자.

▶ 출제 문항 : 4문항 응답준비 : 0초 응답시간 : 10초

Part 2 간단한 응답

이 파트는 지시된 그림에 관한, 간단한 질문에 대해서 대답을 하는 문제가 출제된다. 답변 시간이 짧으므로 간략하고 정확하게 말하는 것이 포인트이다. 가장 쉬운 대답은 질문의 문구를 그대로 사용하는 것이다. 자주 다루는 질문은 숫자, 형용사, 기초수준의 동사이다. 일상생활에서 일어날 수 있는 상황에 대처를 할 수 있는가를 묻는 문제가 출제된다.

▶ 출제 문항 : 4문항 응답준비 : 3초 응답시간 : 6초

Part 3 신속한 응답

이 파트는 일상생활이 문제의 배경이 된다. 그림을 보고 상대방의 질문에 대해서 빠르게 그 상황에 맞는 응답을 하는 것인데, 일상생활에서 일어날 수 있는 상황에 대처할 수 있는지를 묻는 문제이기 때문에, 응답을 준비할 시간은 아주 짧은 2초에 불과하다. 그리고, 질문하는 사람이 윗사람인지 친구인지에 따라서, 보통어를(반말을) 사용해야 할지, 존경표현을 사용해야 할지를 구분해야 한다.

▶ 출제 문항 : 5문항 응답준비 : 2초 응답시간 : 15초

Part 4 짧은 응답

이 파트는 그림은 제시되지 않는다. 출제되는 문제는, 주로 자신의 경험과 견해, 생각 등에 대해서이다. 특히 자신의 취향이나 견해를 두 가지 의견 속에서 선택해서 응답을 하는 문제가 자주 출제된다. 고득점을 얻기 위해서는 조금 긴 시간 답변을 하는 것이 중요한데, 다른 사람이 나의 의견을 들었을 때, 설득력이 있는 이유를 예를 들면서 말하도록 하자. 중급이상의 대답을 요구하므로, 평소에 자신이 가지고 있는 생각을 일본어로 말하는 연습을 해 두는 것이 좋다.

▶ 출제 문항 : 5문항 응답준비 : 15초 응답시간 : 25초

Part 5 긴 응답

이 파트는 제4부 짧은 응답과 마찬가지로 그림은 제시되지 않는다. 유형은, 제4부가 자신의 경험을 묻는 것과는 다르게, 전반적인 사회문제나, 최근의 한국의 경향에 대해서 묻는 문제가 출제된다. 따라서 평소에 사회문제와 시사와 관련된 것을 어느 정도 알아 두는 편이 좋다. 즉, 일본어의 말하기 능력뿐만 아니라, 시사적인 상식에 대해서도 알아 두도록 하자. 대답을 할 때 주의할 점은, 자신의 경험이나 주장 등을 말하는 것보다는, 사회문제로서의 인식을 가지면서, 넓은 안목으로 객관적으로 대답해야 한다. 답변을 준비하는 시간에, 충분히 어떻게 대답을 해야 할지를 미리 준비하는 습관을 기르도록 하자. 가장 좋은 응답방법은,자신의 의견이나 주장→이유설명(인용이나 예를 들음)→결론으로 도달하는 것이다.

▶ 출제 문항 : 4문항 응답준비 : 30초 응답시간 : 50초

Part 6 장면 설정

이 파트는 한 장의 그림이 제시되며, 그 그림에 대한 자세한 설명이 나와 있다. 수험자가 그림 속의 입장이 되어, 질문의 상황에 맞는 응답을 하는 형식이다. 딱딱한 형태의 시사나 상식을 묻는 문제가 아니고, 일상생활에서 일어날 수 있는 상황이 제시되므로, 거기에 맞게 응답을 해야 한다. 질문과 그림의 상황에 맞게 경어를 사용해야 할지, 친구들끼리 사용하는 어투로 해야 할지도 구분해야 하므로, 능숙한 회화표현을 요구하는 파트이기도 하다. 주로, 의뢰, 거절, 감사의 말, 설득, 사과 등의 문제가 출제된다. 회화표현에서의 축약형이나,「존경」「겸양」의 정확한 표현을 정확하게 말할 수 있어야만 고득점을 받을 수 있다.

▶ 출제 문항 : 3문항 응답준비 : 30초 응답시간 : 40초

Part 7 연속된 그림

이 파트는 1번부터 4번까지의 4장의 그림이 제시되며, 수험자는 이 그림을 보고 스토리텔링을 하는 것이다. 응답 시간이 가장 길기 때문에, 그림에 제시된 상황, 예를 들면, 인물의 표정, 배경, 날씨 등등에 대해서 아주 상세하게 묘사하는 것이 좋다. 그리고 4장의 그림이 하나의 스토리가 될 수 있도록 구성하는 것이 고득점을 받을 수 있는 포인트이다. 따라서 응답준비시간에 전체적인 스토리를 구성해 놓고 나서 응답을 해야만 높은 레벨을 받을 수 있다. 수험자가 하는 말만으로도 듣는 사람이 4장의 그림을 보지 않더라도 상황을 이해할 수 있도록 하는 것이 핵심이다.

▶ 출제 문항 : 1문항 응답준비 : 30초 응답시간 : 90초

SJPT 시험 소개

SJPT이란?

SJPT(Spooken Japanese Proficiency Test)는 CBT방식의 일본어 Speaking Test 로, 일본어 학습자의 '일본어 말하기 능력'을 측정하는 시험입니다. 구체적으로 아래와 같은 능력을 측정합니다.

시험 구성

Part	문항	구성	내용	시간	
				준비	답변
Part 1	4	**自己紹介** 자기 소개	자기소개	0초	10초
Part 2	4	**簡単な応答** 간단한 응답	그림을 보고 간단한 질문에 대답하기	3초	6초
Part 3	5	**迅速な応答** 신속한 응답	상황에 맞게 스피드하게 대답하기	2초	15초
Part 4	5	**短い応答** 짧은 응답	자신의 생각에 대해서 이유를 설명하여 말하기	15초	25초
Part 5	4	**長い応答** 긴 응답	생각과 의견을 묻는 질문에 논리적으로 대답하기	30초	50초
Part 6	3	**場面設定** 장면 설정	그림의 내용을 들으면서, 상황에 맞추어 대답하기	30초	40초
Part 7	1	**連続した絵** 연속된 그림	연속된 4개의 그림을 보고 스토리텔링하기	30초	90초

* 답변준비시간이란 각각의 문제에 대한 질문이 끝난 뒤, 발신음이 들릴 때까지의 시간입니다. 모든 질문에 대한 대답은 발신음이 울린 후에 하면 됩니다.
* 모든 시험이 끝나면 마지막에 SJPT에 대해 자유롭게 이야기하는 시간이 30초 주어집니다. SJPT에 대한 의견이나 시험을 마친 소감 등을 간단히 말해 주세요.

평가 레벨

SJPT는 가장 낮은 등급인 Lever 1부터 가장 높은 등급인 Lever 10까지 총 10개의 등급으로 나누어 채점됩니다. 또한 동일한 Lever 내에서도 응시자 간의 실력을 비교할 수 있도록 문법, 어휘, 발음, 유창성의 4가지 Skill을 별도로 채점해 가중치를 부여합니다.

Level		Proficiency Level
Level 10	上級	어떤 화제나 상황에서도 자신의 의견을 논리적이고 정확하게 전개 가능한 수준
Level 9		대부분의 주제에 대해 일본인과 원활하게 의논 및 의사소통이 가능한 수준
Level 8		다양하고 폭넓은 주제에 대한 자신의 주장과 그 근거를 말할 수 있을 정도의 대화가 가능한 수준
Level 7	中級	일본인과 대화할 때, 대부분의 경우 자신의 의견을 효과적으로 전달 가능한 수준
Level 6		어떤 주제에 대해 유창하지는 않더라도, 바르게 이해하고 그에 대한 설명 등이 가능한 수준
Level 5		일본에서 혼자 여행할 수 있을 정도의 의사소통이 가능한 수준
Level 4		안부나 약속시간 확인 등 간단한 회화에 대응이 가능한 수준
Level 3		유창하지는 않더라도 일상적인 주제에 대해 간단한 대화가 가능한 수준
Level 2	初級	날짜나 나이 등 자신과 관련된 질문에 대한 대답이 가능한 수준
Level 1		암기한 단어나 표현 위주로 기본적인 인사와 자기소개가 가능한 수준

제 1 회

第 1 部 自己紹介

ここでは４つの問題について質問されます。発信音がなったら各問題に答えてください。
では、始めます。

問題１. お名前は何とおっしゃいますか。

発信音 ＿＿＿＿＿＿＿＿(10秒)＿＿＿＿＿＿＿＿ 終わりです

問題２. どこに住んでいますか。

発信音 ＿＿＿＿＿＿＿＿(10秒)＿＿＿＿＿＿＿＿ 終わりです

問題３. 誕生日はいつですか。

発信音 ＿＿＿＿＿＿＿＿(10秒)＿＿＿＿＿＿＿＿ 終わりです

問題４. 趣味は何ですか。

発信音 ＿＿＿＿＿＿＿＿(10秒)＿＿＿＿＿＿＿＿ 終わりです

第 2 部 簡単な応答

ここでは４つの問題について質問されます。この問題は、絵を見ながら簡単な質問に答える問題です。まず、 絵を見ながら問題を聞いてください。発信音の後の応答時間は６秒です。
では、始めます。

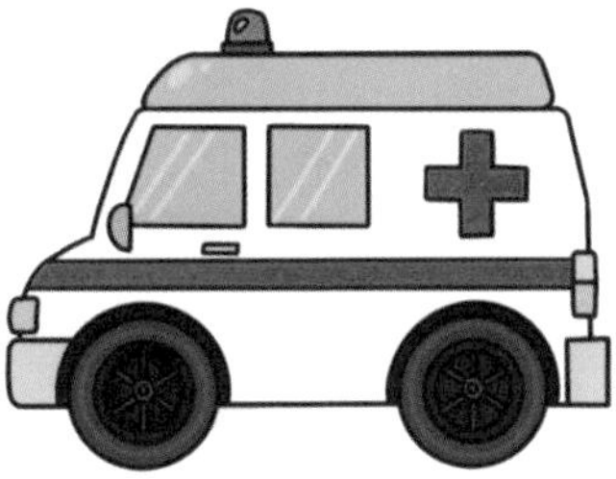

問題１.（3秒）発信音 ＿＿＿＿＿＿＿＿＿＿(6秒)＿＿＿＿＿＿＿＿＿＿ 終わりです

問題２.（3秒）発信音 ＿＿＿＿＿＿＿＿＿＿(6秒)＿＿＿＿＿＿＿＿＿＿ 終わりです

問題３.（3秒）発信音 ＿＿＿＿＿＿＿＿ (6秒) ＿＿＿＿＿＿＿＿ 終わりです

問題４.（3秒）発信音 ＿＿＿＿＿＿＿＿ (6秒) ＿＿＿＿＿＿＿＿ 終わりです

第 3 部 敏速な応答

この問題は短い対話形式で行われます。場面を表す絵がありますから、その絵を見ながら、話し相手が対話を始めるところを聞いてください。発信音がなったら、相手の言ったことに対して応答してください。発信音の後の応答時間は１５秒です。では、始めます。

問題１.（2秒）発信音 ＿＿＿＿＿＿＿＿＿ (15秒) ＿＿＿＿＿＿＿＿＿ 終わりです

問題２.（2秒）発信音 ＿＿＿＿＿＿＿＿＿ (15秒) ＿＿＿＿＿＿＿＿＿ 終わりです

問題３.（2秒）発信音 ＿＿＿＿＿＿＿＿＿＿（15秒）＿＿＿＿＿＿＿＿＿＿ 終わりです

問題４.（2秒）発信音 ＿＿＿＿＿＿＿＿＿＿（15秒）＿＿＿＿＿＿＿＿＿＿ 終わりです

問題5.（2秒）発信音 ___________________ (15秒) ___________________ 終わりです

第４部 短い応答

ここでは身近な５つの問題について質問されます。発信音がなったら、質問に答えてください。あなたの日本語能力を正しく判断できるよう、できるだけ詳しく答えてください。発信音の後の応答時間は各問題につき２５秒です。では、始めます。

問題１. あなたは小説を本で読みますか、ネットで読みますか。

（15秒）発信音 ＿＿＿＿＿＿(25秒)＿＿＿＿＿＿ 終わりです

問題２. あなたはアウトドア派ですか、インドア派ですか。

（15秒）発信音 ＿＿＿＿＿＿(25秒)＿＿＿＿＿＿ 終わりです

問題３. あなたは日本のどこが好きですか。

（15秒）発信音 ＿＿＿＿＿＿(25秒)＿＿＿＿＿＿ 終わりです

問題４. あなたは韓国のどこが好きですか。

（15秒）発信音 ＿＿＿＿＿＿(25秒)＿＿＿＿＿＿ 終わりです

問題５. 自分の特徴をひとことで説明してください。

（15秒）発信音 ＿＿＿＿＿＿(25秒)＿＿＿＿＿＿ 終わりです

第 5 部　長い応答

ここでは４つの問題について質問されます。それらについてあなたの意見を述べてください。発信音がなったら問題に答えてください。あなたの日本語能力を正しく判断できるよう、できるだけ具体的に意見を述べてください。発信音の後の応答時間は各問題につき５０秒です。
では、始めます。

問題１. 様々な技術の発展のおかげで、世界が身近に感じられるような時代になりました。国際化社会について、あなたはどう考えますか。

（30秒）発信音 ＿＿＿＿＿＿＿＿ (50秒) ＿＿＿＿＿＿＿＿ 終わりです

問題２. 今の時代は世界的に核家族化が進んでしまい、家族や親族が交流する機会が少なくなってしまいました。あなたにとって家族とはどういう存在ですか。

（30秒）発信音 ＿＿＿＿＿＿＿＿ (50秒) ＿＿＿＿＿＿＿＿ 終わりです

問題３. 私たちの人生にとって結婚は大きなターニングポイントです。あなたの結婚観について説明してください。

（30秒）発信音 ＿＿＿＿＿＿＿＿ (50秒) ＿＿＿＿＿＿＿＿ 終わりです

問題 4. 学校や仕事において人間関係のトラブルは常に起こりうることです。もしあなたが人から誤解されて窮地に立たされた時、どのようにして解決しますか。

（30秒）発信音 ＿＿＿＿＿＿＿＿(50秒)＿＿＿＿＿＿＿＿ 終わりです

第 6 部 場面設定

ここでは３つの異なる場面から質問されます。場面設定は絵と説明文で示されます。場面設定の説明文を聞いた後、回答を考える時間は３０秒あります。その後、発信音がなったら発話してください。より高いレベルの会話力が測れるよう、できるだけ多く発話してください。発信音の後の応答時間は各問題につき４０秒です。では、問題１から聞いてください。

問題１. あなたは急用で明日のＡ社との会議に出席出来なくなりました。先輩の山田さんに代理で参加してもらえるように丁寧にお願いしてください。

（30秒）発信音 ＿＿＿＿＿＿＿＿＿ (40秒) ＿＿＿＿＿＿＿＿＿ 終わりです

問題２. 友だちの結婚式の司会を頼まれて、いったん引き受けました。しかし、仕事で海外出張に行くことが急に決まり、結婚式までに帰国できない状況になりました。友だちの気持ちを害さないように結婚式の司会を断ってください。

（30秒）発信音 ＿＿＿＿＿＿＿＿＿ (40秒) ＿＿＿＿＿＿＿＿＿ 終わりです

問題３. 仕事が終わったあとで、上司の田中さんに飲み会に誘われました。しかし、今日は早く家に帰って家族との時間を優先させようと考えていました。田中さんを傷つけないように上手く断ってください。

（30秒）発信音 ＿＿＿＿＿＿＿＿(40秒)＿＿＿＿＿＿＿＿ 終わりです

第 7 部 連続した絵

ここでは連続した４つの絵を描写します。絵を見た後に、その絵のストーリを説明してください。まず、次の４つの絵を見てください。

1

2

3

4

問題　では、今からこの連続した４つの絵にどんなことが描かれているか説明してください。発信音の後の応答時間は９０秒です。

（30秒）発信音 ＿＿＿＿＿＿＿＿(90秒)＿＿＿＿＿＿＿＿ 終わりです

제2회

第 1 部 自己紹介

ここでは４つの問題について質問されます。発信音がなったら各問題に答えてください。
では、始めます。

問題１. お名前は何とおっしゃいますか。

発信音 ＿＿＿＿＿＿＿＿ (10秒) ＿＿＿＿＿＿＿＿ 終わりです

問題２. どこに住んでいますか。

発信音 ＿＿＿＿＿＿＿＿ (10秒) ＿＿＿＿＿＿＿＿ 終わりです

問題３. 誕生日はいつですか。

発信音 ＿＿＿＿＿＿＿＿ (10秒) ＿＿＿＿＿＿＿＿ 終わりです

問題４. 趣味は何ですか。

発信音 ＿＿＿＿＿＿＿＿ (10秒) ＿＿＿＿＿＿＿＿ 終わりです

第 2 部 簡単な応答

ここでは４つの問題について質問されます。この問題は、絵を見ながら簡単な質問に答える問題です。まず、 絵を見ながら問題を聞いてください。発信音の後の応答時間は６秒です。
では、始めます。

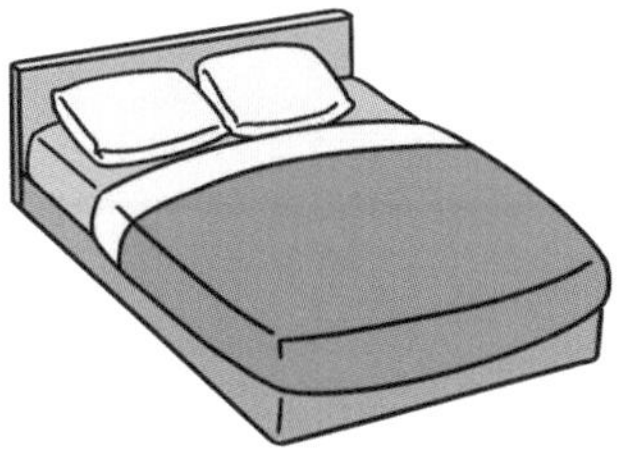

問題１.（3秒）発信音 ＿＿＿＿＿＿＿＿(6秒)＿＿＿＿＿＿＿＿ 終わりです

問題２.（3秒）発信音 ＿＿＿＿＿＿＿＿(6秒)＿＿＿＿＿＿＿＿ 終わりです

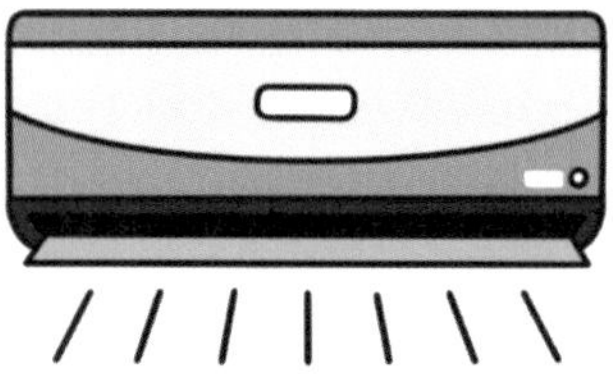

問題３.（3秒）発信音 ＿＿＿＿＿＿＿＿＿＿(6秒)＿＿＿＿＿＿＿＿＿＿ 終わりです

問題４.（3秒）発信音 ＿＿＿＿＿＿＿＿＿＿(6秒)＿＿＿＿＿＿＿＿＿＿ 終わりです

第 3 部 敏速な応答

この問題は短い対話形式で行われます。場面を表す絵がありますから、その絵を見ながら、話し相手が対話を始めるところを聞いてください。発信音がなったら、相手の言ったことに対して応答してください。発信音の後の応答時間は１５秒です。では、始めます。

問題１.（2秒）発信音 ＿＿＿＿＿＿＿＿＿ (15秒) ＿＿＿＿＿＿＿＿＿ 終わりです

問題２.（2秒）発信音 ＿＿＿＿＿＿＿＿＿ (15秒) ＿＿＿＿＿＿＿＿＿ 終わりです

問題３.（2秒）発信音 ＿＿＿＿＿＿＿＿＿(15秒)＿＿＿＿＿＿＿＿＿ 終わりです

問題４.（2秒）発信音 ＿＿＿＿＿＿＿＿＿(15秒)＿＿＿＿＿＿＿＿＿ 終わりです

問題 5.（2秒）発信音 ___________________ (15秒) ___________________ 終わりです

第 4 部 短い応答

ここでは身近な５つの問題について質問されます。発信音がなったら、質問に答えてください。あなたの日本語能力を正しく判断できるよう、できるだけ詳しく答えてください。発信音の後の応答時間は各問題につき２５秒です。では、始めます。

問題１. あなたの得意なことは何ですか？

(15秒) 発信音 ＿＿＿＿＿＿＿(25秒)＿＿＿＿＿＿＿ 終わりです

問題２. あなたの苦手なことは何ですか。

(15秒) 発信音 ＿＿＿＿＿＿＿(25秒)＿＿＿＿＿＿＿ 終わりです

問題３. あなたの将来の夢は何ですか。

(15秒) 発信音 ＿＿＿＿＿＿＿(25秒)＿＿＿＿＿＿＿ 終わりです

問題４. あなたが好きな食べ物は何ですか。

(15秒) 発信音 ＿＿＿＿＿＿＿(25秒)＿＿＿＿＿＿＿ 終わりです

問題５. あなたの趣味は何ですか。

(15秒) 発信音 ＿＿＿＿＿＿＿(25秒)＿＿＿＿＿＿＿ 終わりです

第 5 部　長い応答

ここでは４つの問題について質問されます。それらについてあなたの意見を述べてください。発信音がなったら問題に答えてください。あなたの日本語能力を正しく判断できるよう、できるだけ具体的に意見を述べてください。発信音の後の応答時間は各問題につき５０秒です。では、始めます。

問題１. 社会にはいろんな価値観を持った人々が存在します。どうすれば価値観が違う人と共存できると思いますか。

（30秒）発信音 ________ (50秒) ________ 終わりです

問題２. インターネットの出現で世界は大きく変化しました。具体的にどんな変化をもたらしましたか。あなたが思うことを述べてください。

（30秒）発信音 ________ (50秒) ________ 終わりです

問題３. 現代人は、いろんなことでストレスを受けています。このストレスへの解決策としてあなたが考えていることを話してください。

（30秒）発信音 ________ (50秒) ________ 終わりです

問題 4. 他人とのコミュニケーションがうまく取れないことで悩んでいる人が多くなっていると思います。この他人とのコミュニケーションについてどう思いますか。

（30秒）発信音 ＿＿＿＿＿＿＿＿(50秒)＿＿＿＿＿＿＿＿ 終わりです

第 6 部 場面設定

ここでは３つの異なる場面から質問されます。場面設定は絵と説明文で示されます。場面設定の説明文を聞いた後、回答を考える時間は３０秒あります。その後、発信音がなったら発話してください。より高いレベルの会話力が測れるよう、できるだけ多く発話してください。発信音の後の応答時間は各問題につき４０秒です。では、問題１から聞いてください。

問題１. 会社で販売した商品に関してクレームの電話がかかってきました。何とか相手のお客様が納得するように対処してください。

（30秒）発信音 ＿＿＿＿＿＿（40秒）＿＿＿＿＿＿ 終わりです

問題２. 引っ越しを計画しています。出来れば来月から住める家で、今住んでいる部屋よりも条件の良い部屋を探しています。不動産屋にうまく新しい部屋の希望を伝えてください。

（30秒）発信音 ＿＿＿＿＿＿（40秒）＿＿＿＿＿＿ 終わりです

問題3. うっかりコーヒーをこぼして、友人から借りた本を汚してしまいました。友人を傷つけないように事情を伝えて、本を返却してください。

（30秒）発信音 ＿＿＿＿＿(40秒)＿＿＿＿＿ 終わりです

第 7 部 連続した絵

ここでは連続した４つの絵を描写します。絵を見た後に、その絵のストーリを説明してください。まず、次の４つの絵を見てください。

問題　では、今からこの連続した４つの絵にどんなことが描かれているか説明してください。発信音の後の応答時間は９０秒です。

（30秒）発信音 ＿＿＿＿＿＿＿(90秒)＿＿＿＿＿＿＿ 終わりです

제3회

第 1 部 自己紹介

ここでは４つの問題について質問されます。発信音がなったら各問題に答えてください。
では、始めます。

問題１. お名前は何とおっしゃいますか。

発信音 ＿＿＿＿＿＿＿＿ (10秒) ＿＿＿＿＿＿＿＿ 終わりです

問題２. どこに住んでいますか。

発信音 ＿＿＿＿＿＿＿＿ (10秒) ＿＿＿＿＿＿＿＿ 終わりです

問題３. 誕生日はいつですか。

発信音 ＿＿＿＿＿＿＿＿ (10秒) ＿＿＿＿＿＿＿＿ 終わりです

問題４. 趣味は何ですか。

発信音 ＿＿＿＿＿＿＿＿ (10秒) ＿＿＿＿＿＿＿＿ 終わりです

第 2 部 簡単な応答

ここでは４つの問題について質問されます。この問題は、絵を見ながら簡単な質問に答える問題です。まず、 絵を見ながら問題を聞いてください。発信音の後の応答時間は６秒です。
では、始めます。

問題１.（3秒）発信音 ＿＿＿＿＿＿＿＿＿(6秒)＿＿＿＿＿＿＿＿＿ 終わりです

問題２.（3秒）発信音 ＿＿＿＿＿＿＿＿＿(6秒)＿＿＿＿＿＿＿＿＿ 終わりです

問題3.（3秒）発信音 ＿＿＿＿＿＿＿＿＿(6秒)＿＿＿＿＿＿＿＿＿ 終わりです

問題4.（3秒）発信音 ＿＿＿＿＿＿＿＿＿(6秒)＿＿＿＿＿＿＿＿＿ 終わりです

第 3 部 敏速な応答

この問題は短い対話形式で行われます。場面を表す絵がありますから、その絵を見ながら、話し相手が対話を始めるところを聞いてください。発信音がなったら、相手の言ったことに対して応答してください。発信音の後の応答時間は１５秒です。では、始めます。

제 3 회

問題１.（2秒）発信音 ____________(15秒)____________ 終わりです

問題２.（2秒）発信音 ____________(15秒)____________ 終わりです

問題3.（2秒）発信音 ___________(15秒)___________ 終わりです

問題4.（2秒）発信音 ___________(15秒)___________ 終わりです

問題5.（2秒）発信音 ＿＿＿＿＿＿＿＿＿＿(15秒)＿＿＿＿＿＿＿＿＿＿ 終わりです

제 3 회

第４部 短い応答

ここでは身近な５つの問題について質問されます。発信音がなったら、質問に答えてください。あなたの日本語能力を正しく判断できるよう、できるだけ詳しく答えてください。発信音の後の応答時間は各問題につき２５秒です。では、始めます。

問題１. 休日は何をして過ごしますか。

（15秒）発信音 ＿＿＿＿＿＿＿＿(25秒)＿＿＿＿＿＿＿＿ 終わりです

問題２. 訪ねてみたい国はどこですか。

（15秒）発信音 ＿＿＿＿＿＿＿＿(25秒)＿＿＿＿＿＿＿＿ 終わりです

問題３. 幸せと感じるときはどんな時ですか。

（15秒）発信音 ＿＿＿＿＿＿＿＿(25秒)＿＿＿＿＿＿＿＿ 終わりです

問題４. 今の自分に満足していますか。

（15秒）発信音 ＿＿＿＿＿＿＿＿(25秒)＿＿＿＿＿＿＿＿ 終わりです

問題５. 今の自分に不満がありますか。

（15秒）発信音 ＿＿＿＿＿＿＿＿(25秒)＿＿＿＿＿＿＿＿ 終わりです

第 5 部　長い応答

ここでは４つの問題について質問されます。それらについてあなたの意見を述べてください。発信音がなったら問題に答えてください。あなたの日本語能力を正しく判断できるよう、できるだけ具体的に意見を述べてください。発信音の後の応答時間は各問題につき５０秒です。では、始めます。

問題１. 私たちはストレスが多い時代に生きていますが、あなたのストレス解消法は何ですか。

（30秒）発信音 ＿＿＿＿＿＿(50秒)＿＿＿＿＿＿ 終わりです

問題２. 自分が思う私と人が評価する私は違う部分があると思いますが、あなたは人からどう思われていると考えますか。

（30秒）発信音 ＿＿＿＿＿＿(50秒)＿＿＿＿＿＿ 終わりです

問題３. 長生きする時代になりましたが、あなたは老後はどのような生活がしたいですか。

（30秒）発信音 ＿＿＿＿＿＿(50秒)＿＿＿＿＿＿ 終わりです

問題 4. 今はとても恵まれた環境で暮らしています。万が一、無人島に行くことになったら、何を持って行きますか。

（30秒）発信音 ＿＿＿＿＿＿＿＿(50秒)＿＿＿＿＿＿＿＿ 終わりです

第 6 部 場面設定

ここでは３つの異なる場面から質問されます。場面設定は絵と説明文で示されます。場面設定の説明文を聞いた後、回答を考える時間は３０秒あります。その後、発信音がなったら発話してください。より高いレベルの会話力が測れるよう、できるだけ多く発話してください。発信音の後の応答時間は各問題につき４０秒です。では、問題１から聞いてください。

問題 1. 喫茶店でコーヒーを注文したら、紅茶が出てきました。その日はどうしてもコーヒーが飲みたかったので、店員に事情を伝えて交渉してみようと思います。コーヒーに交換してもらえるように、うまく店員にお話ししてみてください。

（30秒）発信音 ＿＿＿＿＿＿(40秒)＿＿＿＿＿＿ 終わりです

問題２. 今日は仲間とハイキングに行く約束をしていましたが、台風が近づいているとのことで、約束を中止しようと思います。仲間の気持ちを害することなく、うまく説明してください。

（30秒）発信音 ＿＿＿＿＿＿＿＿(40秒)＿＿＿＿＿＿＿＿ 終わりです

問題３. 駅で道を聞かれましたが、自分は知らない場所でした。少し離れたところにインフォメーションセンターが見えます。相手の気持ちを不安にさせないように、インフォメーションセンターに誘導してみてください。

（30秒）発信音 ＿＿＿＿＿＿＿＿(40秒)＿＿＿＿＿＿＿＿ 終わりです

第 7 部 連続した絵

ここでは連続した4つの絵を描写します。絵を見た後に、その絵のストーリを説明してください。まず、次の4つの絵を見てください。

1

2

3

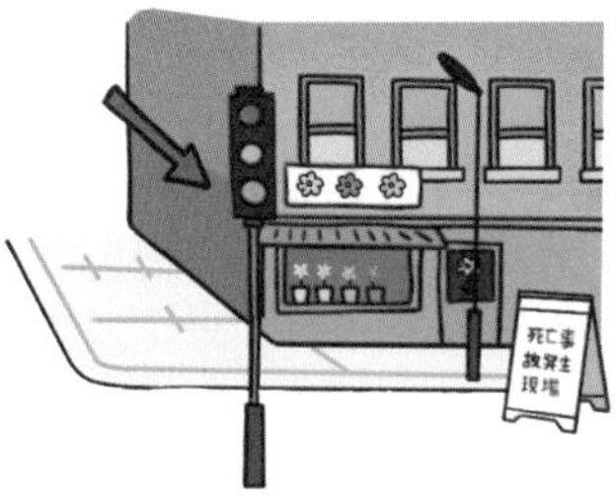

4

問題　では、今からこの連続した4つの絵にどんなことが描かれているか説明してください。発信音の後の応答時間は９０秒です。

（30秒）発信音 ＿＿＿＿＿＿＿＿(90秒)＿＿＿＿＿＿＿＿ 終わりです

応答例

SJPT 제 1 회 실전모의고사 応答例

第１部 ▶ 自己紹介

問題１　お名前は何とおっしゃいますか。

예１ リです。
예２ リと申します。

Q. 성함은 어떻게 되십니까?
1. 이입니다.
2. 이라고 합니다.

단어설명

お名前(なまえ) 이름, 성명 何(なん)と 뭐라고 おっしゃる 「言(い)う-말하다」의 존경어 申(もう)す 「言(い)う-말하다」의 겸양표현

問題２　どこに住んでいますか。

예１ ソウルです。
예２ ソウルのソンパ区に住んでいます。

Q. 어디에 살고 있습니까?
1. 서울입니다.
2. 서울 송파구에 살고 있습니다.

단어설명

～に住(す)む ～에(서) 살다(거주하다) 区(く) 구

問題３　誕生日はいつですか。

예１ １月１７日です。

예2 １９９４年1月１７日です。

Q. 생일은 언제입니까?

1. 1월17일입니다.

2. 1994년 1월 17일입니다.

단어설명

誕生日(たんじょうび) 생일

問題４　趣味は何ですか。

예１ 音楽鑑賞です。

예２ 音楽鑑賞です。特にヘビーメタルをよく聞いています。

Q. 취미는 무엇입니까?

1. 음악감상입니다.

2. 음악감상입니다. 특히 헤비메탈을 자주 듣고 있습니다.

단어설명

趣味(しゅみ) 취미 音楽鑑賞(おんがくかんしょう) 음악감상 特(とく)に 특히

第２部 ▶ 簡単な応答

問題１　これは何ですか。

예１ 救急車です。

예２ 急病人や事故による負傷者を病院に運ぶための自動車です。

Q. 이것은 무엇입니까?

1. 구급차입니다.

2. 급한 환자나 사고에 의한 부상자를 병원에 운반하기 위한 자동차입니다.

단어설명

救急車(きゅうきゅうしゃ) 구급차 急病人(きゅうびょうにん) 급한 환자 事故(じこ) 사고 ～による ～에 의한 負傷者(ふしょうしゃ) 부상자 病院(びょういん) 병원 運(はこ)ぶ 운반하다 自動車(じどうしゃ) 자동차

問題２　これは何ですか。

예１ 観覧車です。

예２ 巨大な水車形の、ゆっくり回転する乗り物です。

Q. 이것은 무엇입니까?

1. 관람차입니다.
2. 거대한 물레방아 모양의, 천천히 회전하는 탈것입니다.

단어설명

観覧車(かんらんしゃ) 관람차 巨大(きょだい) 거대 水車形(すいしゃがた) 물레방아 모양 ゆっくり 천천히 回転(かいてん) 회전 乗(の)り物(もの) 탈것

問題３　これは何ですか。

예１ 箸です。

예２ 食べ物を挟むのに用いる物です。

Q. 이것은 무엇입니까?

1. 젓가락입니다.
2. 음식을 집는데 사용하는 물건입니다.

단어설명

箸(はし) 젓가락 食(た)べ物(もの) 음식 挟(はさ)む 집다 ～のに ～하는데 用(もち)いる 사용하다 物(もの) 물건

問題4　これは何ですか。

예 1 マイクです。
예 2 音を電気信号に変換する音響機器です。

Q. 이것은 무엇입니까?
1. 마이크입니다.
2. 소리를 전기신호로 변환하는 음향기기입니다.

단어설명

音(おと) 소리 電気(でんき) 전기 信号(しんごう) 신호 変換(へんかん) 변환 音響(おんきょう) 음향 機器(きき) 기기

第3部 ▶ 敏速な応答

問題1　冷めないうちにどうぞ。

예 1 それじゃ、いただきます。
예 2 それじゃ、ご遠慮なくいただきます。

Q. 식기 전에 드세요.
1. 그럼, 잘 먹겠습니다.
2. 그럼, 사양 않고 잘 먹겠습니다.

단어설명

冷(さ)める 식다 ～ないうちに ～하기 전에 遠慮(えんりょ)なく 사양 않고

問題2　お見合い結婚と恋愛結婚とどちらがいいですか。

예 1 私はどちらでもかまいません。
예 2 お見合いは最初から「結婚が前提」となっているためいやです。

SJPT 제 1 회 실전모의고사 応答例

Q. 중매결혼과 연애결혼 중 어느 쪽이 좋습니까?

1. 저는 어느 쪽이라도 상관없어요.

2. 중매는 처음부터 「결혼이 전제」가 되기에 싫습니다.

단어설명

お見合(みあ)い 맞선 結婚(けっこん) 결혼 恋愛(れんあい) 연애 最初(さいしょ) 최초 前提(ぜんてい) 전제

問題３　このアパートは家賃が高いですね。

예 1 交通が便利だと、部屋代が高いんです。

예 2 高いわりには古くて不便です。

Q. 이 아파트는 집세가 비싸군요.

1. 교통이 편리하면, 방세가 비쌉니다.

2. 비싼데 비해서는 오래되고 불편합니다.

단어설명

家賃(やちん) 집세 高(たか)い 비싸다 交通(こうつう) 교통 便利(べんり) 편리 部屋代(へやだい) 집세 ～わりには ～에 비해서는 古(ふる)い 오래되다 不便(ふべん) 불편

問題４　うれしそうな顔をしていますね。何かいいことでもあったんですか。

예 1 ええ。就職試験に受かりました。

예 2 ええ。先週、孫が生まれました。かわいくて仕方ないです。

Q. 즐거운 표정을 짓고 있군요. 뭔가 좋은 일이라도 있었습니까?

1. 예, 취직시험에 합격했습니다.

2. 예. 지난주, 손자가 태어났습니다. 귀여워서 견딜 수 없습니다.

단어설명

顔をする 표정을 짓다 就職 취직 試験 시험 受かる 합격하다 先週 지난주 孫 손자 生まれる 태어나다 かわいい 귀엽다 ～て仕方ない 매우～하다, ～해서 견딜 수 없다

問題５　さすが元選手だけあってうまいですね。

예１ いいえ、たいしたことありません。
예２ とんでもないです。ありがとうございます。

Q. 과연 전에 선수였던 만큼 잘 하는군요.
1. 아뇨, 별 것 아닙니다.
2. 당치않습니다. 감사합니다.

단어설명

さすが～だけあって 과연~인 만큼 元 전, 과거 選手 선수

第４部 ▶ 短い応答

問題１　あなたは小説を本で読みますか、ネットで読みますか。

예１ 私は昔から小説は本で読んでいます。本のほうが、以前に読んだお気に入りのページを読み返ししたり、後のページを先読みすることが簡単だからです。
예２ 私はここ数年前から、小説はネットの電子書籍で読むようにしています。なぜなら、電子書籍の方がかさばらなく、何冊も本を持ち運ばなくても良いからです。
예３ 私は家では本で小説を読み、外ではネットや電子書籍で読むようにしています。やはり気に入った小説は本でも購入してコレクションしたいです。しかし外出するときは、いつも持ち歩いている携帯で読むほうが、小説を読む時間を作りやすいです。

Q. 당신은 소설을 책으로 읽습니까? 인터넷으로 읽습니까?
1. 나는 옛날부터 소설은 책으로 읽고 있습니다. 책 쪽이 이전에 읽었던 마음에 드는 페이지를 반복해

서 읽거나 뒷 페이지를 먼저 읽는 것이 쉽기 때문입니다.

2. 나는 요 몇 년 전부터 소설은 인터넷의 전자서적으로 읽도록 하고 있습니다. 왜냐하면, 전자서적 쪽이 짐이 가볍고 몇 권이나 책을 들고 다니지 않아도 되기 때문입니다.
3. 나는 집에서는 책으로 소설을 읽고, 밖에서는 인터넷이나 전자서적으로 읽도록 하고 있습니다. 역시 마음에 드는 소설은 책으로도 구입해서 모으고 싶습니다. 그러나 외출할 때는 항상 가지고 다니는 휴대폰으로 읽는 편이 소설을 읽는 시간을 만들기 편합니다.

단어설명

小説(しょうせつ) 소설 本(ほん) 책 読(よ)む 읽다 昔(むかし) 옛날 以前(いぜん) 이전 お気(き)に入(い)り 마음에 듦 読(よ)み返(かえ)し 반복해서 읽음 後(あと) 뒤 先読(さきよ)み 먼저 읽음 簡単(かんたん) 간단 数年前(すうねんまえ) 수년 전 電子書籍(でんししょせき) 전자서적 かさばる 짐이 부풀다 何冊(なんさつ) 몇 권 持(も)ち運(はこ)ぶ 들고 운반하다 外(そと) 밖 やはり 역시 購入(こうにゅう) 구입 コレクション 수집 外出(がいしゅつ) 외출 持(も)ち歩(ある)く 들고 걷다 携帯(けいたい) 휴대(폰) 作(つく)る 만들다

問題２　あなたはアウトドア派ですか、インドア派ですか。

예１ 映画や小説が好きなのでインドア派です。だからと言ってアウトドアが嫌いな訳ではないです。映画や小説の舞台を訪ねる旅行が大好きです。

예２ スポーツ全般が好きなので、アウトドア派です。夏にはダイビングやサーフィンといった海のスポーツ、冬にはスキーやスケートといった山のスポーツを楽しんでいます。

예３ キャンプや登山が大好きなので、アウトドア派です。しかしインドアなことも好きです。山でキャンプをしながら読書をするのが好きです。

Q. 당신은 아웃도어파입니까? 인도어파입니까?

1. 영화나 소설을 좋아하기 때문에 인도어파입니다. 그렇다고 해서 아웃도어를 싫어하는 셈은 아닙니다. 영화나 소설의 무대를 방문하는 여행을 매우 좋아합니다.
2. 스포츠 전반을 좋아하기 때문에 아웃도어파입니다. 여름에는 다이빙이나 서핑이라는 바다의 스포츠, 겨울에는 스키나 스케이트라는 산 스포츠를 즐기고 있습니다.
3. 캠핑이랑 등산을 아주 좋아하기 때문에 아웃도어파입니다. 그러나 인도어인 것도 좋아합니다. 산에서 캠핑을 하면서 독서를 하는 것을 좋아합니다.

단어설명

派 파 映画 영화 小説 소설 だからと言って 그렇다고 해서 嫌いだ 싫어하다 訳 셈 舞台 무대 訪ねる 방문하다 旅行 여행 大好き 아주 좋아함 全般 전반 夏 여름 海 바다 冬 겨울 山 산 楽しむ 즐기다 登山 등산 読書 독서

問題３　あなたは日本のどこが好きですか。

예１ 新鮮な海鮮料理を比較的簡単に食べることができるところが好きです。四方を海に囲まれていることもあって、新鮮な魚がスーパーや市場で当たり前のように手に入ります。日本のおかげで、今まで臭くて嫌いだった海鮮料理が好きになりました。

예２ 日本人の職人的な部分が好きです。日本製の商品は少し高いですが、職人的なこだわりがあり、丈夫に出来ているので、とても長持ちします。

예３ 日本のアニメが好きです。子供のころから日本のアニメに慣れ親しんできました。日本に行かなくても、アニメを通して日本文化を知ることができたし、それでとても日本が好きになりました。

Q. 당신은 일본의 어디를 좋아합니까?

1. 신선한 해산물요리를 비교적 손쉽게 먹을 수가 있는 점을 좋아합니다. 사방이 바다로 둘러싸인 곳도 있어서, 신선한 생선이 슈퍼나 시장에서 쉽게 손에 들어옵니다. 일본 덕분으로 지금까지 냄새 나고 싫어했던 해산물요리를 좋아하게 되었습니다.
2. 일본인의 장인적인 부분을 좋아합니다. 일본제 상품은 조금 비싸지만, 장인적이 고집이 있고, 튼튼하게 만들어져 있기 때문에 매우 오랫동안 유지됩니다.
3. 일본의 애니메이션을 좋아합니다. 어릴 때부터 일본의 애니메이션을 늘 봐와서 친숙해졌습니다. 일본에 가지 않아도 애니메이션을 통해서 일본문화를 알 수가 있게 되었고, 그래서 매우 일본을 좋아하게 되었습니다.

단어설명

新鮮 신선 海鮮料理 해산물요리 比較的 비교적 簡単 간단 四方 사방 海 바다 囲む 둘러싸다 魚 생선 市場 시장 当たり前 보통, 예사 手に入る 손에 들어오다 おかげ 덕분 臭い 냄새나다 嫌いだ 싫

어하다 職人的 장인적 部分 부분 日本製 일본제 商品 상품 少し 조금 こだわり 고집, 집착 丈夫だ 튼튼하다 出来る 만들어지다 長持ち 오래 유지 子供 아이 慣れ親しむ 늘 접속해서 친숙하다 ～を通して ～을 통해서 文化 문화 知る 알다

問題4　あなたは韓国のどこが好きですか。

예 1 家族関係を大切にするところです。親族の集まりがよくあるので、時には面倒くさくなったりもします。しかし、いつも集まれる家族や親族がいることは、何にも代えがたい貴重なことだと思います。

예 2 韓国料理が好きです。特に小さな時から食べているキムチをいつでも食べられることは、当たり前だけど嬉しいことです。やはり故郷ってありがたいですね。海外に出ると、韓国がとても恋しくなります。

예 3 韓国人のとても熱い心情が大好きです。よく他の国の方からは「熱すぎる」と言われますが、自分にとってはこれが普通なので、情が熱くないほうが少し物足りなく感じるし、とても冷たいものを感じます。

Q. 당신은 한국의 어디를 좋아합니까?

1. 가족관계를 소중히 하는 점입니다. 친척 모임이 자주 있기 때문에 때로는 성가시기도 합니다. 그러나 언제나 모일 수 있는 가족이나 친척이 있다는 것은 무엇에도 대신하기 어려운 귀중한 것이라고 생각합니다.
2. 한국요리를 좋아합니다. 특히 어릴 때부터 먹고 있는 김치를 언제든지 먹을 수 있는 것은, 당연하지만 기쁜 일입니다. 역시 고향이라는 것은 고마운 것입니다. 해외에 나가면 한국이 매우 그리워집니다.
3. 한국인의 매우 뜨거운 심정을 아주 좋아합니다. 자주 다른 나라 분으로부터는 「지나치게 정열적이다」 라는 말을 듣지만, 나에게 있어서는 이것이 보통이기에 정이 뜨겁지 않는 편이 조금 서운하게 느끼고 매우 냉정하다는 것을 느낍니다.

단어설명

韓国 한국 家族関係 가족관계 大切に 소중히 親族 친척 集まり 모임 時には 때로는 面倒くさい 성가시다 集まる 모이다 代える 대신하다 동사ます형+がたい ～하기 어렵다 貴重 귀중 料理 요리

特に 특히 小さな時 어릴 때 当たり前だ 당연하다 嬉しい 기쁘다 やはり 역시 故郷 고향 海外 해외 恋しい 그립다 熱い 뜨겁다 心情 심정 他の国 다른 나라 方 분 ～にとっては ～에 있어서는 普通 보통 情 정 物足りなく 서운하게 感じる 느끼다 冷たい 냉정하다

問題５　自分の特徴をひとことで説明してください。

예１ 私の特徴は、楽天的なところです。あまり悲観的に考えていると心が苦しくなるので、悪いことがあっても、「何か意味がある」と前向きに考えるようにしています。不思議といつも目に見えないものに助けられている感じがします。

예２ 私の特徴は、粘り強いことです。基本的に途中で挫折することは、あまり好きではないです。時には放棄してしまおうと思うことはあっても、なるべく最後までやり抜こうと努力するようにしています。この性格は、私の尊敬する父譲りです。

예３ 私の特徴は、比較的細かいところまで気を配るところです。私の周囲はおおざっぱな人が多い環境だったので、私の性格は細かくならざるを得ませんでした。今では貴重がられるので、周囲の環境に感謝しています。

Q. 자신의 특징을 한마디로 설명해 주세요.

1. 저의 특징은, 낙천적인 점입니다. 너무 비관적으로 생각하면 마음이 괴로워지기 때문에 나쁜 일이 있어도 「뭔가 의미가 있다」 고 전향적으로 생각하도록 하고 있습니다. 불가사의하게도 항상 눈에 보이지 않는 것에 도움을 받고 있는 듯한 느낌이 듭니다.
2. 저의 특징은, 끈질긴 점입니다. 기본적으로 도중에 좌절하는 것은 별로 좋아하지 않습니다. 때로는 포기해 버리자고 생각하는 경우는 있어도, 가능한 한 마지막까지 끝까지 하려고 노력하도록 하고 있습니다. 이 성격은, 내가 존경하는 아버지로부터 물려받은 것입니다.
3. 저의 특징은 비교적 세세한 부분까지 배려하는 점입니다. 제 주변은 대충하는 사람이 많은 환경이었기 때문에 저의 성격은 어쩔 수 없이 꼼꼼해져야만 했습니다. 지금은 귀중하기에 주위의 환경에 감사하고 있습니다.

단어설명

特徴 특징 ひとこと 한마디 説明 설명 楽天的 낙천적 あまり 너무 悲観的 비관적 考える 생각하다 心 마음 苦しい 괴롭다 悪い 나쁘다 意味 의미 前向き 전향적 不思議 불가사의 助ける 돕다 感

じ 느낌 粘り強い 끈질기다 基本的 기본적 途中 도중 挫折 좌절 時には 때로는 放棄 포기 なるべく 가능한 한 最後 마지막 やり抜く 끝까지 하다 努力 노력 性格 성격 尊敬 존경 父譲り 아버지에게 물려 받음 比較的 비교적 細かい 세세하다, 꼼꼼하다 気を配る 배려하다 周囲 주위 おおざっぱだ 대략적이다, 대충하다 環境 환경 동사부정형+ざるを得ない ～할 수밖에 없다, ～해야만 하다 貴重がる 귀중히 여기다 感謝 감사

第５部 ▶ 長い応答

問題１　様々な技術の発展のおかげで、世界が身近に感じられるような時代になりました。国際化社会について、あなたはどう考えますか。

예１ 国際化社会は素晴らしいことだと考えます。国境の壁がなくなることによって、人とものが自由に行き来するようになり、世界の人々は人類一家族に向かっています。しかし、そんな現実とは裏腹に、私たちの心の準備がまだのように思います。異文化の人々に接することは、様々な誤解やトラブルが生じることがあります。それぞれの文化の特性を尊重しながら、お互いが交流することによってさらに大きな発展を遂げるのでしょうが、今はお互いの相違点ばかりが目に付いて、なかなか発展まで進まないのが現実です。

예２ インターネットの出現によって、国際関係は大きく変化しました。語学さえ学べば、体が移動しなくても、世界中どこの人々とも自由に交流できる時代に突入しました。ひと昔前には想像もつかなかったことです。しかし、インフラの発展があまりにも急速だったため、ネット難民と呼ばれる人々が存在することも事実です。私たち一般市民にとって、国際化社会とは突然やって来ました。ネット上では国境はあまり感じませんが、まだまだ現実の世界では国境紛争が多発し、文化論争も絶えないです。だから、今の世の中が真の国際化社会になるためには、まだまだ努力が必要かと思います。

예３ 以前は、国際化社会は特定の人々のものでした。海外旅行や海外留学がまだ身近でなかった頃、一部の富裕層だけが享受し得た概念でした。しかし近年になり、格安飛行機などが出現し、手ごろな価格で海外旅行を楽しめるようになり、外国が次第に身近なものと変化していきました。さらに交通手段の発展に加えて、インターネットをはじめとする通信手段の発展により、誰もが国際的な生活が出来るようになりました。

言語と文化によって分断された世界は、徐々に国境を撤廃しつつあると言っても過言ではないのが、今の時代とも言えるでしょう。

Q. 다양한 기술의 발전 덕분으로 세계가 아주 가까이 느껴질 수 있는 시대가 되었습니다. 국제화사회에 대해서 당신은 어떻게 생각합니까?

1. 국제화사회는 멋진 것이라고 생각합니다. 국경의 벽이 없어짐에 따라 사람과 물건이 자유롭게 왕래하게 되어, 세계 사람들은 인류 한가족으로 향하고 있습니다. 그러나 그런 현실과는 반대로 우리들의 마음의 준비가 아직이라고 생각합니다. 다른 문화를 가진 사람들에게 접하는 것은 다양한 오해와 문제가 생기는 경우가 있습니 다. 제 각각의 문화의 특성을 존중하면서 서로가 교류하는 것에 의해 더 나아가 큰 발전을 이룩하겠지만, 지금은 서로의 상이점만이 눈에 띄어 좀처럼 발전까지 나아가지 않는 것이 현실입니다.
2. 인터넷의 출현에 의해, 국제관계는 크게 변화했습니다. 어학만 배우면 몸이 이동하지 않아도, 세계 어느 곳의 사람들과도 자유롭게 교류할 수 있는 시대로 돌입했습니다. 한 10년 전에는 상상도 하지 못했던 일입니다. 그러나 인프라의 발전이 너무 급속했기 때문에 인터넷 난민이라고 불리는 사람들이 존재하는 것도 사실입니다. 우리들 일반시민에게 있어서 국제화사회라는 것은 갑자기 왔습니다. 인터넷상에서는 국경은 별로 느끼지 않습니다만, 아직 현실의 세계에서는 국경분쟁이 다발하고, 문화논쟁도 끊이지 않습니다. 그래서 지금의 세계가 진정한 국제화사회가 되기 위해서는 아직 노력이 필요하다고 생각합니다.
3. 이전에는 국제화사회는 특정한 사람들의 것이었습니다. 해외여행이나 해외유학이 아직 친숙하지 않았을 무렵, 일부의 부유층만이 즐길 수 있었던 개념이었습니다. 그러나 요 근래 가격파괴 비행기 등이 출현하여, 적당한 가격으로 해외여행을 즐길 수 있게 되고, 외국이 점차로 가까운 것으로 변화해 갔습니다. 더 나아가 교통수단의 발전에 더해서, 인터넷을 비롯한 통신수단의 발전에 의해, 누구라도 국제적인 생활을 할 수 있게 되었습니다. 언어와 문화에 따라 분단된 세계는 서서히 환경을 철폐하고 있는 중이라고 해도 과언이 아닌 것이 지금의 시대라고 할 수 있겠죠.

단어설명

様々(さまざま)な 다양한 技術(ぎじゅつ) 기술 発展(はってん) 발전 おかげ 덕분 世界(せかい) 세계 身近(みぢか) 일상에 있는 모양 感(かん)じる 느끼다 時代(じだい) 시대 国際化(こくさいか) 국제화 社会(しゃかい) 사회 素晴(すば)らしい 멋지다 国境(こっきょう) 국경 壁(かべ) 벽 ～によって ～에 따라, ～에 의해 自由(じゆう) 자유 行(ゆ)き来(き) 왕래 人類(じんるい) 인류 一家族(いちかぞく) 한 가족 向(む)かう 향하다 現実(げんじつ) 현실 裏腹(うらはら) 정반대

SJPT 제 1 회 실전모의고사 応答例

準備 준비 異文化 다른 문화 接する 접하다 誤解 오해 生じる 생기다 それぞれ 제 각각 特性 특성 尊重 존중 お互い 서로 交流 교류 さらに 더 나아가 大きな 큰 遂げる 이루다 相違点 상이점 目に付く 눈에 띄다 進む 나아가다 出現 출현 変化 변화 語学 어학 ～さえ…ば ～만…면 学ぶ 배우다 体 몸 移動 이동 世界中 세계 모든 곳 突入 돌입 ひと昔前 약 10년 전 想像もつかない 상상도 못하다 あまりにも 너무 急速 급속 難民 난민 存在 존재 事実 사실 一般市民 일반시민 ～にとって ～에 있어서 突然 돌연 国境 국경 紛争 분쟁 多発 다발 論争 논쟁 絶える 끊이다 世の中 세상 真 진정한 努力 노력 必要 필요 以前 이전 特定 특정 海外旅行 해외여행 留学 유학 頃 무렵 一部 일부 富裕層 부유층 享受 향수 동사ます형+得る ～수 있다 概念 개념 近年 근년 格安 가격파괴 飛行機 비행기 手ごろ 적당함 価格 가격 楽しむ 즐기다 外国 외국 次第に 점차로 交通 교통 手段 수단 ～に加えて ～에 더해서 ～をはじめとする ～을 비롯한 通信 통신 誰もが 누구라도 生活 생활 言語 언어 分断 분단 徐々に 서서히 撤廃 철폐 동사ます형+つつある ～하는 중이다 過言 과언

問題２　今の時代は世界的に核家族化が進んでしまい、家族や親族が交流する機会が少なくなってしまいました。あなたにとって家族とはどういう存在ですか。

예１ 私にとって家族とは、すべての原点です。家族がいるから仕事に生きがいを感じるし、家族がいるから辛い試練も乗り越えようと頑張れます。私のすべての力の源です。近年では核家族化が進んでしまい、家族の時代から個人の時代へと突入しています。家族全体で助け合う時代から、個人が孤立して自己目標を達成する時代へと変化してしまいました。その結果、今の人々は昔の人々に比べて非常に孤独な生活をしなくてはならなくなりました。しかし、私の家族たちは昔の大家族のスタイルを今でも保っています。孤独な時代だからこそ、家族のつながりが大切だと実感しています。

예２ 私にとって家族は、心の傷です。かつて父と母が離婚した時、私の心は凍りついてしまい、今に至っています。子供には父親と母親の両方が必要です。その親が分裂してしまった結果、私の心も分裂してしまいました。家族が欲しい欲望がある反面、父と母のように離婚したくないので、敢えて結婚を避けて生きてきました。しかし、人間には家族が必要だと思います。少しずつでも心の傷を癒して、いつか夫婦が円満になれるような結婚生活がしたいと思います。そして将来の私の子供たちには、私のような寂しい苦労はさせないように努力したいです。

예３ 私にとって家族はどこにいてもひとつになれる尊い存在です。子供の頃は、家族が一緒なことは当たり前でした。しかし、今の時代は核家族化が進んでしまい、私の両親

も兄弟もバラバラになってしまい、みんな遠くに住んでいます。今ではそれが当たり前の時代です。しかし、私たちがみんなで一緒に暮らした記憶は永遠です。今は離れ離れであっても、家族がいる場所が私の故郷です。体は離れていても、心はいつも一緒です。父に会いたい、母に会いたい、兄弟に会いたいと思えば、いつでも心はみんなで暮らした時代にワープすることができます。いくら核家族の時代であっても、私たちの心から家族の絆は断ち切ることができないと思います。

Q. 지금 시대는 세계적으로 핵가족화가 진행되어, 가족이나 친척이 교류할 기회가 적어졌습니다. 당신에게 있어서 가족이라는 것은 어떤 존재입니까?

1. 저에게 있어서 가족이라는 것은 모든 것의 원점입니다. 가족이 있기에 일에서 사는 보람을 느끼고, 가족이 있기에 괴로운 시련도 극복하려고 분발할 수 있습니다. 저의 모든 힘의 원천입니다. 근년에는 핵가족화가 진행되어 가족의 시대부터 개인의 시대로 돌입했습니다. 가족전체로 서로 돕는 시대에서 개인이 고립해서 자기목표를 달성하는 시대로 변화해 버렸습니다. 그 결과 현대의 사람들은 옛날 사람들과 비교해서 매우 고독한 생활을 하지 않고서는 안 됩니다. 그러나 저의 가족들은 옛날의 대가족의 스타일을 지금도 유지하고 있습니다. 고독한 시대이기 때문이야 말로 가족의 유대가 소중하다고 실감하고 있습니다.
2. 저에게 있어서 가족은 마음의 상처입니다. 예전에 아버지와 어머니가 이혼했을 때, 저의 마음은 꽁꽁 얼어 붙어 지금에 이르고 있습니다. 아이에게는 아버지와 어머니 양쪽이 필요합니다. 그 부모가 분열한 결과, 저의 마음도 분열되었습니다. 가족을 원하는 욕망이 있는 반면, 아버지와 어머니처럼 이혼하고 싶지 않기 때문에 굳이 결혼을 피해서 살아왔습니다. 그러나 인간에게는 가족이 필요하다고 생각합니다. 조금씩이라도 마음의 상처를 치유해서 언젠가 부부가 원만하게 될 수 있는 듯한 결혼생활을 하고 싶다고 생각합니다. 그리고 장래의 저의 자식들에게는 저와 같은 외로운 고생은 시키지 않도록 노력하고 싶습니다.
3. 저에게 있어서 가족은 어디에 있어도 하나로 될 수 있는 소중한 존재입니다. 어릴 때는 가족이 함께 인 것은 당연했습니다. 그러나 지금의 시대는 핵가족화가 진행되어 저의 부모님도 형제도 흩어져버려, 모두 멀리 살고 있습니다. 지금은 그것이 당연한 시절입니다. 그러나 우리들이 다같이 함께 생활했던 기억은 영원합니다. 지금은 따로따로 떨어져 있어도 가족이 있는 장소가 저의 고향입니다. 몸은 떨어져 있어도, 마음은 항상 함께 입니다. 아버지가 보고싶다, 어머니가 보고싶다, 형제가 보고싶다고 생각하면 언제든지 마음은 다같이 생활했던 시절로 갈 수가 있습니다. 아무리 핵가족의 시대라도 우리들의 마음에서 가족의 굴레는 끊을 수가 없다고 생각합니다.

SJPT 제 1 회 실전모의고사 応答例

단어설명

時代 시절, 시대 世界的 세계적 核家族化 핵가족화 進む 진행되다 親族 친척 交流 교류 機会 기회 ～にとって ～에 있어서 存在 존재 原点 원점 仕事 일 生きがい 사는 보람 辛い 괴롭다 試練 시련 乗り越える 극복하다 頑張る 열심히 하다 力 힘 源 원천 近年 근년 個人 개인 突入 돌입 全体 전체 助け合う 서로 돕다 孤立 고립 自己 자기 目標 목표 達成 달성 変化 변화 結果 결과 昔 옛날 ～に比べて ～와 비교해서 非常に 매우 孤独 고독 保つ 유지하다 ～からこそ ～때문이야 말로 つながり 연결, 유대 大切だ 중요하다 実感 실감 心 마음 傷 상처 かつて 예전 父 아버지 母 어머니 離婚 이혼 凍りつく 꽁꽁 얼어붙다 至る 이르다 父親 아버지 母親 어머니 両方 양쪽 必要 필요 分裂 분열 欲しい 원하다 欲望 욕망 反面 반면 敢えて 굳이 結婚 결혼 避ける 피하다 生きる 살다 癒す 치유하다 夫婦 부부 円満 원만 将来 장래 寂しい 외롭다, 쓸쓸하다 苦労 고생 努力 노력 尊い 소중하다 当たり前だ 당연하다 両親 양친 兄弟 형제 遠くに 멀리 住む 거주하다 暮らす 생활하다 記憶 기억 永遠 영원 離れ離れ 따로따로 떨어짐 場所 장소 故郷 고향 離れる 멀어지다 ワープする 4차원적으로 순식간에 목적지에 감 いくら 아무리 絆 굴레, 인연 断ち切る 자르다

問題３　私たちの人生にとって結婚は大きなターニングポイントです。あなたの結婚観について説明してください。

예１ 私の結婚観は、父のような男性と結婚することです。女性にとっては父親が、男性にとっては母親が結婚相手の理想形だという話を、昔に誰かから聞いたことがあります。とても古典的な結婚観ですが、家庭生活が結婚生活の訓練所だと実感しています。今はフリーセックスだとか自由恋愛の時代だと言う人が多いですが、結婚というものは本人同士の結婚と言うよりは、家族同士の結婚かと思います。ふたつの家系がひとつに結ばれる尊い儀式でもあると思います。そして結婚したら、多くの子供たちを作りたいです。私には兄弟姉妹があまりいないので、たくさんの子供に囲まれて、愛する夫とにぎやかな家庭を築きたいです。

예２ 私にとって結婚とは、人生の墓場ではなく、人生の出発でした。結婚するまでは、結婚が良いことだとは考えたことがありませんでした。家庭環境が複雑だったので、永遠の男女関係などあり得ないと考えていました。結婚するだけ人生の無駄だとも考えていました。しかし、妻に出会ったことが人生の転期でした。彼女は、こんな自分で

も家族と呼べるものが築けると気が付かせてくれた女性でした。結婚したおかげで、それまで孤独だった心に一筋の温かい光が差したようでした。人間は結婚するように出来ていると、今ならそう思えます。それまでの考えを改めて、家族のために新たな人生を出発することができました。

예 3 私にとって結婚とは、自分の今後の人生を決定する重要な人生のイベントです。最近では自由恋愛が当たり前で、結婚しない人が増えています。しかし、結婚しなかった人の人生はどうでしょうか。年老いても独り身で家族がいないことほど孤独で悲しい人生はないと思います。そう考えると、適切な時期に自分に相応しいパートナーと良い結婚が出来るかどうかは、人生において最高に重要なことかと思います。独身の時期は、結婚するための準備期間とも考えられます。人生の大半は、人生の伴侶と共に生きなければなりません。幸せな結婚は、幸せな人生の入り口と考えています。

Q. 우리들의 인생에 있어서 결혼은 큰 터닝 포인트입니다. 당신의 결혼관에 대해서 설명해 주세요.

1. 저의 결혼관은 아버지와 같은 남성과 결혼하는 것입니다. 여성에게 있어서는 아버지가, 남성에게 있어서는 어머니가 결혼상대의 이상형이라는 이야기를, 옛날에 누군가로부터 들은 적이 있습니다. 매우 고전적인 결혼관이지만, 가정생활이 결혼생활의 훈련소라고 실감하고 있습니다. 지금은 프리섹스라던가 자유연애의 시대라고 말하는 사람이 많습니다만, 결혼이라는 것은 본인끼리의 결혼이라고 하기 보다는 가족끼리의 결혼이라고 생각합니다. 두 개의 가계가 한 개로 연결되는 소중한 의식이라고도 생각합니다. 그리고 결혼하면 많은 자식들을 만들고 싶습니다. 나에게는 형제자매가 별로 없기 때문에, 많은 자식에게 둘러싸여서 사랑하는 남편과 북적거리는 가정을 구축하고 싶습니다.
2. 저에게 있어서 결혼이라는 것은 인생의 묘지가 아니고 인생의 출발이었습니다. 결혼하기 까지는 결혼이 좋은 것이라고는 생각한 적이 없었습니다. 가정환경이 복잡했기 때문에 영원한 남녀관계 등 있을 수 없다고 생각했습니다. 결혼하는 만큼 인생의 낭비라고도 생각했습니다. 그러나 아내를 만났던 것이 인생의 전환기였습니다. 그녀는 이런 나라도 가족이라고 부를 수 있는 것을 구축할 수 있다고 알아차리게 해 주었던 여성이었습니다. 결혼한 덕분으로 그때가지 고독했던 마음에 한줄기 밝은 빛이 비춘 것 같았습니다. 인간은 결혼하도록 만들어져 있다고, 지금이라면 그렇게 생각됩니다. 그때까지의 생각을 고치고 가족을 위해서 새로운 인생을 출발할 수가 있었습니다.
3. 저에게 있어서 결혼이라는 것은 자신의 앞으로의 인생을 결정하는 중요한 인생의 이벤트입니다. 최근에는 자유연애가 당연해서, 결혼하지 않는 사람이 늘고 있습니다. 그러나 결혼하지 않았던 사

람의 인생은 어떨까요? 나이 들어도 독신으로 가족이 없는 것만큼 고독하고 슬픈 인생은 없다고 생각합니다. 그렇게 생각하면 적절한 시기에 자신에게 어울리는 파트너와 좋은 결혼을 할 수 있을지 어떨지는 인생에서 최고로 중요한 것이라고 생각합니다. 독신의 시기는 결혼하기 위한 준비기간이라고도 생각됩니다. 인생의 대부분은 인생의 반려자와 함께 살아야만 합니다. 행복한 결혼은 행복한 인생의 입구라고 생각하고 있습니다.

단어설명

人生 인생 ～にとって ～에 있어서 結婚 결혼 結婚観 결혼관 説明 설명 父 아버지 男性 남성 女性 여성 父親 아버지 母親 어머니 相手 상대 理想形 이상형 昔 옛날 誰 누구 古典的 고전적 家庭 가정 生活 생활 訓練所 훈련소 実感 실감 自由 자유 恋愛 연애 時代 시대 本人 본인 同士 끼리 家系 가계 結ぶ 연결하다, 묶다 尊い 소중하다 儀式 의식 作る 만들다 兄弟 형제 姉妹 자매 囲む 둘러싸다 愛する 사랑하다 夫 남편 にぎやかだ 북적거리다 築く 구축하다 墓場 묘지 出発 출발 環境 환경 複雑 복잡 永遠 영원 男女 남녀 あり得ない 있을 수 없다 無駄 낭비 妻 아내 出会う 만나다 転期 전환기 気が付く 알아차리다 孤独 고독 一筋 한 줄기 温かい 따뜻하다 光が差す 빛이 비치다 改める 고치다 新ただ 새롭다 今後 앞으로 決定 결정 重要 중요 最近 최근 当たり前だ 당연하다 増える 증가하다 年老いる 나이를 먹다 独り身 독신 悲しい 슬프다 適切 적절 時期 시기 相応しい 어울리다 ～において ～에서 最高 최고 準備 준비 期間 기간 大半 대부분 伴侶 반려자 ～と共に ～와 함께 生きる 살다 幸せ 행복 入り口 입구

問題４　学校や仕事において人間関係のトラブルは常に起こり得ることです。もしあなたが人から誤解されて窮地に立たされた時、どのようにして解決しますか。

예１ 人間関係のトラブルや誤解は常に起こり得ると考えて、まずはパニックに陥らないようにします。そして冷静になって、何が原因で誤解されてしまったかを分析します。人間関係の意思疎通は、情報の発信者がいて、そして情報の受け手がいます。自分が発信した情報で誤解されたなら、自分が発したどの説明が誤解されてしまったかについて深く分析します。自分にとっては問題のない表現であっても、相手にとっては問題になることがあります。誤解した相手の立場や心情を考えると、誤解された原因が見つかると思います。そして原因が見つかったら、相手に誤解のいきさつを理論的に説明すれば、解決できると思います。

예2 人とのコミュニケーションは本当に難しいです。学校でも会社でもいつも悩んできたことです。人からの誤解が元で人間関係が難しくなったときは、しばらくはその人と距離を置くこともひとつの方法かと思います。相手が誤解して感情的になっているときは、誤解を解こうといろいろ説明すると、かえって言い訳に受け取られて、さらに状況が悪化する可能性が高いです。しばらく距離を置くと、次第にお互いに冷静になれる時がやってくると思います。そうなった時に、誤解の原因について相手に説明できるでしょう。時間がかかりますが、必ず誤解は解ける日が来ると信じて、時を待つことが賢明かと思います。

예3 相手にコミュニケーション上の誤解が生じてしまった時は、当事者同士での解決は非常に難しいかと思います。そんな時には第三者に間に入っていただいて、お互いにクールダウンできる環境で話し合うことが良いかと思います。当事者では気が付かなかったことが、第三者の意見によっていろいろと発見できます。そうなれば、話し合いは解決の方向に向かいます。当事者同士では、お互いに感情的になってしまって、自分らしさを見失っている可能性が高いです。感情的になることが、人間関係にとって一番恐ろしいことです。怒りが怒りを呼んで、お互いに心にも思っていないことを言って、さらに相手を傷つける可能性があり得ます。そうなると、どんな手段でも解決できなくなってしまいます。

Q. 학교나 일에서 인간관계의 트러블은 늘 일어날 수 있는 일입니다. 만일 당신이 다른 사람으로부터 오해를 받아 궁지에 몰렸을 때, 어떻게 해결합니까?

1. 인간관계의 트러블이나 오해는 늘 일어날 수 있다고 생각하고, 우선은 패닉에 빠지지 않도록 합니다. 그리고 냉정하게 되어 무엇이 원인으로 오해를 받았는지를 분석합니다. 인간관계의 의사소통은 정보의 발신자가 있고 그리고 정보를 받는 측이 있습니다. 자신이 발신한 정보로 오해를 받았다면, 자신이 발신한 어떤 설명이 오해를 받았는가에 대해서 깊이 분석합니다. 자신에게 있어서는 문제가 없은 표현이라도, 상대에게 있어서는 문제가 되는 경우가 있습니다. 오해를 한 상대의 입장이나 심정을 생각하면 오해를 받았던 원인이 발견된다고 생각합니다. 그리고 원인이 발견되면 상대에게 오해의 경위를 이론적으로 설명하면 해결할 수 있다고 생각합니다.
2. 남과의 커뮤니케이션은 정말로 어렵습니다. 학교에서도 회사에서도 항상 고민해 왔던 것입니다. 남으로부터의 오해가 원인으로 인간관계가 어려워졌을 때는, 잠시동안은 그 사람과 거리를 두는 것도 하나의 방법이라고 생각합니다. 상대가 오해해서 감정적으로 되었을 때는, 오해를 풀려고 여

러 가지 설명하면 오히려 변명으로 받아들여, 더 한층 상황이 악화될 가능성이 높습니다. 잠시 거리를 두면 점차로 서로 냉정하게 될 수 있을 때가 올 거라고 생각합니다. 그렇게 되었을 때에 오해의 원인에 대해서 상대에게 설명할 수 있을 겁니다. 시간이 걸립니다만 반드시 오해는 풀릴 날이 올 거라고 믿고, 때를 기다리는 것이 현명하다고 생각합니다.

3. 상대에게 커뮤니케이션 상의 오해가 생겼을 때는, 당사자끼리의 해결은 매우 어렵다고 생각합니다. 그럴 때에는 제 3 자에게 중재를 하도록 하여, 서로 쿨 다운할 수 있는 환경에서 대화를 하는 것이 좋습니다. 당사자로는 알아차리지 못한 것이 제 3 자의 의견에 의해서 여러 가지 발견할 수 있습니다. 그렇게 되면 대화는 해결의 방향으로 향합니다. 당사자끼리로는 서로 감정적으로 되어버려, 자신다움을 잃어버릴 가능성이 높습니다. 감정적으로 되는 것이 인간관계에 있어서 가장 무서운 것입니다. 분노가 분노를 불러, 서로에게 마음에도 없는 것을 말해, 더 한층 상대를 상처 입힐 가능성이 있을 수 있습니다. 그렇게 되면, 어떤 수단이라도 해결할 수 없게 되어 버립니다.

단어설명

～において ～에서 人間関係 인간관계 常に 늘, 항상 起こり得る 일어날 수 있다 もし 만일 誤解 오해 窮地に立たされる 궁지에 몰리다 解決 해결 陥る 빠지다 冷静 냉정 原因 원인 分析 분석 意思 의사 疎通 소통 情報 정보 発信者 발신자 受け手 받는 측 発する 발하다 深い 깊다 表現 표현 相手 상대 立場 입장 心情 심정 見つかる 발견되다 いきさつ 경위 理論的 이론적 本当に 정말로 難しい 어렵다 会社 회사 悩む 고민하다 元 원인 距離 거리 置く 두다 方法 방법 感情的 감정적 解く 풀다 かえって 오히려 言い訳 변명 受け取る 해석하다, 받아들이다 さらに 더 한층 状況 상황 悪化 악화 可能性 가능성 次第に 점차로 お互いに 서로 必ず 반드시 日 날 信じる 믿다 賢明 현명 生じる 생기다 当事者 당사자 同士 끼리 非常に 매우 第三者 제3자 クールダウン 쿨 다운 環境 환경 話し合う 대화하다 気が付く 알아차리다 意見 의견 発見 발견 方向 방향 向かう 향하다 見失う 잃어버리다 恐ろしい 무섭다, 두렵다 怒り 분노 傷つける 상처 입히다 あり得る 있을 수 있다 手段 수단

第６部 ▶ 場面設定

問題１　あなたは急用で明日のＡ社との会議に出席出来なくなりました。先輩の山田さんに代理で参加してもらえるように丁寧にお願いしてください。

예1 山田さん、お願いがあるのですが、よろしいでしょうか。実は、私は突然な急用が出来てしまいました。本来だったら後から生じた用事をキャンセルすべきですが、いろいろな諸事情があって、キャンセルは非常に難しいとのことでした。つきまして、大変急なお願いで恐縮ですが、山田さんに明日のA社との会議に参加いただけませんでしょうか。後輩の身の上で大変失礼なことは承知していますが、何卒ご検討いただけるようにお願いいたします。

예2 山田さん、少しお時間よろしいでしょうか。お忙しいところ大変申し訳ありません。実は先程実家から電話があり、親族に不幸がありました。急ではありますが、今晩から実家に帰省しなくてはならない状況になりました。しかし、明日はA社との会議があり、うちの部署からは私が参加予定になっています。会議を優先させることも考えましたが、親族関係を考えると、できれば帰省したいです。そこで突然なことですが、山田さんに明日の会議に代理で参加いただけないだろうかと思い、相談してみました。失礼なことではありますが、どうかお考えいただけるようお願い申し上げます。

예3 山田さん、相談したいことがあるのですが、お時間よろしいでしょうか。実は明日のA社との会議の件ですが、先程部長から呼び出されて、明日は部長と一緒にB社を訪問することを優先させてほしいとのことでした。代理を誰にお願いしようかと部長に尋ねてみたところ、山田さんが適任だとおっしゃいました。そこで急なお願いで申し訳ないのですが、もしスケジュールの都合がつくようであれば、代理でA社の会議に参加頂けないでしょうか。何卒よろしくお願いします。

Q. 당신은 급한 볼일로 내일 A사와의 회의에 출석할 수 없게 되었습니다. 선배인 야마다 씨가 대신 참가해 줄 수 있도록 정중하게 부탁해 주세요.

1. 야마다 씨, 부탁이 있습니다만, (시간) 괜찮습니까? 실은, 저는 갑작스러운 급한 볼일이 생겼습니다. 본래라면 나중에 생긴 일을 취소해야만 합니다만, 여러 가지 제반 사정이 있어서, 취소는 매우 어려운 상황입니다. 그래서 매우 갑작스러운 부탁으로 죄송합니다만, 야마다 씨가 내일 A사와의 회의에 참가해 주실 수 없겠습니까? 후배인 제가 매우 무례한 것은 알고 있습니다만, 부디 검토해 주실 수 있도록 부탁드립니다.
2. 야마다 씨, 잠시 시간 괜찮겠습니까? 바쁘신 중에 대단히 죄송합니다. 실은 조금 전에 본가에서 전화가 왔는데, 친척에게 불행한 일이 있었습니다. 갑작스러운 일이지만, 오늘밤에 본가로 돌아가야만 하는 상황이 되었습니다. 그러나. 내일은 A사와의 회의가 있는데, 우리 부서에서는 제가 참가 예

정이었습니다. 회의를 우선할 것도 생각했습니다만, 친족관계를 생각하면 가능하면 귀성하고 싶습니다. 그래서 갑작스럽지만, 야마다 씨가 내일 회의에 대신 참가해 주실 수 없을까 라고 생각해서, 상담해 보았습니다. 무례한 일이지만, 부디 생각해 주실 있도록 부탁 말씀드립니다.

3. 야마다 씨, 상담하고 싶은 것이 있습니다만, 시간 괜찮겠습니까? 실은 내일 A사와의 회의에 관한 건입니다만. 조금 전에 부장님이 호출을 하여, 내일은 부장님과 함께 B사를 방문할 것을 우선해 주기를 바란다는 것이었습니다. 대신해 줄 사람을 누구에게 부탁할까 라고 부장님께 여쭤보았던 바, 야마다 씨가 적임이라고 말씀하셨습니다. 그래서 갑작스러운 부탁으로 죄송합니다만, 만일 스케줄 사정이 된다면, 대신 A사의 회의에 참가해 주실 수 없을까요? 부디 잘 부탁합니다.

단어설명

急用 급한 볼일 明日 내일 社 사 会議 회의 出席 출석 先輩 선배 代理 대리, 대신 参加 참가 丁寧に 정중하게 実は 실은 突然 돌연 本来 본래 後から 나중 生じる 생기다 用事 볼일 ～すべき ～해야만 함 諸事情 제반사정 非常に 매우 難しい 어렵다 ～とのこと ～라고 하는 것 つきまして 그리고 大変 매우 急だ 급하다 恐縮 죄송함 後輩 후배 身の上 신분 失礼 실례 承知 알고 있음 何卒 부디 検討 검토 忙しい 바쁘다 申し訳ない 죄송하다 先程 조금 전 実家 본가 親族 친척 不幸 불행 今晩 오늘밤 帰省 귀성 状況 상황 部署 부서 参加 참가 予定 예정 優先 우선 関係 관계 相談 상담 件 건 部長 부장 呼び出す 호출하다 一緒に 함께 訪問 방문 誰 누구 尋ねる 방문하다 適任 적임 都合がつく 사정이 되다

問題２　友だちの結婚式の司会を頼まれて、いったん引き受けました。しかし、仕事で海外出張に行くことが急に決まり、結婚式までに帰国できない状況になりました。友だちの気持ちを害さないように結婚式の司会を断ってください。

예１ 結婚式までいよいよあと１週間ですね。時間が迫った時にこんなお話をするのは大変非常識だと思うのですけど、実は今日会社で海外出張に行くことになってしまい、結婚式まで帰国できないスケジュールになってしまいました。せっかく結婚式の司会に指名いただいて、私自身とても楽しみにしていました。時間があまりないことを考えると、断るのが心苦しいですが、仕事でのやむを得ない事情なのでどうしようもありません。本当にすみません。良い結婚式になるように、外国の地からエールを送ります。

예2 とても言い出しにくいお話なんですけど、実は今日会社から急に指名されて、以前から延期になっていた海外出張に、来週から自分が行くことになってしまいました。2週間現地に滞在するので、おふたりの結婚式まで帰国できない状態になってしまいました。上からの指名なので、自分ではどうすることも出来ませんでした。おふたりの結婚式は、私も以前からとても楽しみにしていたし、せっかく引き受けた結婚式の司会進行も、申し訳ないと思いつつも、断らざるを得ない状態になってしまいました。本当にごめんなさい。遠くからではあるけど、ふたりの幸せを祈っています。どうか素晴らしい結婚式になりますように。

예3 もうすぐ結婚式ですね。結婚式の司会を指名されて、とても光栄に感じていました。そしてふたりの門出を一緒にお祝いすることをとても楽しみにしていました。しかし、今日会社で急に決まったことで、とても言いにくいお話なんですけど、実は次の海外出張のメンバーに抜擢されて、来週からアメリカに出張に行くことになりました。帰国は出国から２週間後なので、ふたりの結婚式には間に合いません。楽しみにしていた結婚式だし、時間も迫ってきているので、断ることがとても申し訳ないです。ごめんなさい。どうか良い結婚式になるように、海の向こうから祈っています。

Q. 친구의 결혼식의 사회를 부탁을 받아, 일단 받아들였습니다. 그러나 일로 해외출장 가는 것이 갑자기 정해져, 결혼식까지 귀국할 수 없는 상황이 되었습니다. 친구의 마음을 손상하지 않도록 결혼식의 사회를 거절해 주세요.

1. 결혼식까지 드디어 앞으로 일주일이군요. 시간이 육박했는데 이런 이야기를 하는 것은 매우 비상식이라고 생각합니다만, 실은 오늘 회사에서 해외출장 가게 되어, 결혼식까지 귀국할 수 없는 스케줄이 되었습니다. 모처럼 결혼식의 사회로 지명을 받아, 제 자신 매우 기대하고 있었습니다. 시간이 별로 없는 것은 생각하면 거절하는 것이 마음이 괴롭습니다만, 일 때문에 어쩔 수 없는 사정이니 어떻게 할 방법도 없습니다. 정말로 죄송합니다. 좋은 결혼식이 되도록 외국에서 응원을 보내겠습니다.
2. 도저히 꺼내기 어려운 이야기이지만, 실은 오늘 회사로부터 갑자기 지명되어, 이전부터 연기되었던 해외출장에, 다음주부터 제가 가게 되었습니다. 2주일 동안 현지에 체류하기에, 두 분의 결혼식까지 귀국할 수 없는 상태가 되었습니다. 윗사람으로부터의 지명이어서, 스스로는 어떻게 할 수도 없었습니다. 두 사람의 결혼식은 저도 이전부터 매우 기대를 했었고, 모처럼 받아들인 결혼식의 사회진행도, 죄송하다고 생각하면서도 거절할 수밖에 없는 상태가 되었습니다. 정말로 죄송합니다.

멀리서나마 두 사람의 행복을 기원하고 있습니다. 부디 멋진 결혼식이 되도록.

3. 이제 곧 결혼식이군요. 결혼식의 사회를 지명을 받아 매우 영광으로 느꼈습니다. 그리고 두 사람의 새출발을 함께 축하하게 된 것을 매우 기대했습니다. 그러나 오늘 회사에서 갑자기 정해진 일로, 매우 하기 어려운 이야기이지만, 실은 다음 해외출장 멤버로 발탁되어, 다음주부터 미국으로 출장가게 되었습니다. 귀국은 출국부터 2주일 후이기에, 두 사람의 결혼식에는 못 갈 것 같습니다. 기대하고 있었던 결혼식이고, 시간도 얼마 안 남았기에 거절하는 것이 매우 죄송합니다. 미안합니다. 부디 좋은 결혼식이 되도록 바다 건너편에서 기도하겠습니다.

단어설명

結婚式 결혼식 司会 사회 頼む 부탁하다 引き受ける 맡다 仕事 일 海外 해외 出張 출장 急に 갑자기 決まる 정해지다 帰国 귀국 状況 상황 害する 해하다 断る 거절하다 いよいよ 드디어 あと 앞으로 週間 주일 迫る 다가오다 大変 매우 非常識 비상식 実は 실은 今日 오늘 会社 사회 せっかく 모처럼 指名 지명 楽しみ 기대 心苦しい 마음이 괴롭다 やむを得ない 어쩔 수 없다 事情 사정 本当に 정말로 外国 외국 地 땅 エール 응원소리 送る 보내다 以前 이전 延期 연기 来週 다음주 現地 현지 滞在 체재, 체류 状態 상태 進行 진행 申し訳ない 죄송하다 동사ます형+つつも ～하면서도 동사부정형+ざるを得ない 할 수밖에 없다 幸せ 행복 祈る 기도하다 どうか 부디 素晴らしい 멋지다 光栄 영광 門出 새출발 お祝い 축하 次 다음 抜擢 발탁 出国 출국 間に合う 시간에 맞다 海 바다 向こう 건너편

問題 3　仕事が終わったあとで、上司の田中さんに飲み会に誘われました。しかし、今日は早く家に帰って家族との時間を優先させようと考えていました。田中さんを傷つけないようにうまく断ってください。

예 1 田中さん、飲み会に誘ってくださって、ありがとうございます。いつもだったら喜んで参加するのですが、残念なことに、今日は以前から決まっていた約束があって、早く失礼しなければなりません。ですから、せっかくの飲み会に参加することが難しそうです。本当に残念です。ぜひ別の機会にご一緒出来たらと思います。これに懲りずに、また声をかけてください。

예 2 田中さん、今日も忙しかったですね。仕事が無事に終わって何よりです。こんな時には、いつもだったら一杯ご一緒するのが当然ですが、今日は以前から家族との約束

が入っていて、家で妻と子供たちが待っている状態です。たまに家族サービスしないと、家族から文句を言われてしまうので、本当に申し訳ないですが、今日はお先に失礼させていただきます。次回は必ずお供しますので、また声をかけてください。

예3 田中さん、仕事も終わったことですし、仕事の後はお決まりの飲み会に行きましょうと、言いたいところですが、今日はちょっと難しそうです。たまたま今日はうちの息子の誕生日で、家族で外食することになっています。せっかくの田中さんのお誘いなのに、お断りするのが非常に申し訳なく思います。必ずこの埋め合わせはしますので、また誘ってください。自分はここで失礼しますが、他のみなさんと良い時間をお過ごしください。

Q. 일이 끝난 뒤에, 상사인 다나까 씨에게 한잔하자고 권유를 받았습니다. 그러나 오늘은 빨리 집에 돌아가서 가족과의 시간을 우선하려고 생각했습니다. 다나까 씨를 상처입히지 않도록 잘 거절해 주세요.

1. 다나까 씨, 술자리에 불러 주셔서 감사합니다. 평소라면 기꺼이 참가합니다만, 유감스럽게도 오늘은 이전부터 정해진 약속이 있어서, 빨리 실례를 해야만 합니다. 그래서 모처럼의 술자리에 참가하는 것이 어려울 것 같습니다. 정말로 유감입니다. 꼭 다른 기회에 함께 할 수 있으면 좋겠다고 생각합니다. 이번 일에 화내지 마시고 또 불러 주세요.
2. 다나까 씨, 오늘도 바쁘셨죠? 일이 무사히 끝나서 무엇보다 다행입니다. 이런 때에는 평소라면 한잔 함께 하는 것이 당연합니다만, 오늘은 이전부터 가족과의 약속이 있어서, 집에서 아내와 자식들이 기다리고 있는 상태입니다. 가끔 가족 서비스를 하지 않으면 가족으로부터 불평을 듣기에, 정말로 죄송합니다만, 오늘은 먼저 실례하겠습니다. 다음번에는 반드시 함께 할 테니 또 불러주세요.
3. 다나까 씨, 일도 끝났고, 일을 마친 후는 으레 술을 마시러 가자고 말하고 싶은 바입니다만, 오늘은 좀 어려울 것 같습니다. 우연히 오늘은 저희 아들의 생일로, 가족이 외식하기로 되어 있습니다. 모처럼의 다나까 씨의 권유인데, 거절하는 것이 매우 죄송하다고 생각합니다. 반드시 이 보답은 할 테니 또 불러 주세요. 저는 여기서 실례하겠습니다만 다른 여러분과 좋은 시간을 보내주세요.

단어설명

仕事 일 終わる 끝나다 上司 상사 飲み会 술자리 誘う 권유하다 今日 오늘 早く 빨리 帰る 돌아가다 家族 가족 優先 우선 傷つける 상처 입히다 断る 거절하다 喜ぶ 기뻐하다 参加 참가 残念 유감

～ことに ～하게도 以前 이전 決まる 정해지다 約束 약속 失礼 실례 せっかく 모처럼 難しい 어렵다 ぜひ 꼭 別 다른 機会 기회 一緒 함께 懲りる 질리다 声をかける 말을 걸다 忙しい 바쁘다 無事に 무사 一杯 한잔 当然 당연 妻 아내 状態 상태 たまに 가끔 文句 불평, 잔소리 申し訳ない 죄송하다 お先に 먼저 동사사역형+～ていただく ～하겠다 次回 다음 번 必ず 반드시 お供 함께 お決まり 정해짐 たまたま 우연히 息子 아들 誕生日 생일 外食 외식 非常に 매우 埋め合わせ 보충 他 다른 過ごす 보내다

第７部 ▶ 連続した絵

（1）今日は休日なので、始発電車に乗って、登山に向かっています。早朝の街は、まだ薄暗くて、人がほとんどいないです。駅前のコンビニが開いていたので、朝ごはんにおにぎりと唐揚げを買いました。登山口で食べようと思います。

（2）始発電車に乗っていると、窓の向こう側が少しずつ明るくなってきました。そして一筋の光がさしてきました。電車の窓から見る朝焼けはとてもきれいでした。今日は快晴で登山日和になると思いました。

（3）登山口に到着すると、まだ朝７時にもかかわらず、人だかりが出来ていました。普段は会社にお勤めの人は、休日に山を登る人が多いようです。私はまず朝ごはんを食べてから、上着を脱いで、山を登る準備をしました。

（4）山の頂上に到着した時は、まだ天気が良かったです。標高と山の名前が書かれた看板の前で、人にシャッターを切ってもらって記念写真を撮り終えると、急に天気が悪くなってきました。雨に遭遇してはやっかいなので、早々に下山することにしました。

1. 오늘은 휴일이기에 첫 전철을 타고, 등산 갔습니다. 이른 아침의 거리는 아직 어둑어둑하고, 사람이 거의 없습니다. 역 앞의 편의점이 열려 있었기에 아침밥으로 주먹밥과 닭튀김을 샀습니다. 등산입구에서 먹으려고 생각합니다.
2. 첫 전철을 타고 있으니 창의 건너편이 조금씩 밝아졌습니다. 그리고 한 줄기의 빛이 비쳤습니다. 전철의 창문에서 보는 아침놀은 매우 예뻤습니다. 오늘은 쾌청해서 등산하기에 좋은 날씨라고 생각했습니다.
3. 등산입구에 도착하자, 아직 아침 7시임에도 불구하고 많은 사람들이 있었습니다. 평소는 회사에 근

무하는 사람은, 휴일에 산을 오르는 사람이 많은 것 같습니다. 나는 우선 아침밥을 먹고 나서 웃옷을 벗고 산을 오를 준비를 했습니다.

(4) 산의 정상에 도착했을 때는 아직 날씨가 좋았습니다. 해발과 산의 이름이 적힌 간판 앞에서 다른 사람에게 사진을 부탁하여 기념사진 찍는 것을 끝내자 갑자기 날씨가 나빠졌습니다. 비를 맞는 것은 성가셔서 서둘러 하산하기로 했습니다.

단어설명

今日 오늘 休日 휴일 始発電車 첫 전철 登山 등산 向かう 향하다 早朝 이른 아침 街 거리 薄暗い 어둑어둑하다 ほとんど 거의 駅前 역 앞 開く 열리다 朝ごはん 아침밥 唐揚げ 닭튀김 買う 사다 登山口 등산입구 窓 창문 向こう側 건너편 少しずつ 조금씩 明るい 밝다 一筋 한 줄기 光がさす 빛이 비치다 朝焼け 노을 快晴 쾌청 ～日和 ～하기에 좋은 날씨 到着 도착 ～にもかかわらず ～에도 불구하고 人だかり 군중 出来る 만들어지다 普段 평소 お勤め 근무 山 산 登る 오르다 上着 웃옷 脱ぐ 벗다 準備 준비 頂上 정상 天気 날씨 標高 해발 名前 이름 看板 간판 シャッターを切る 셔터를 누르다 記念 기념 写真 사진 撮り終える 찍는 것을 끝내다 急に 갑자기 雨 비 遭遇 조우 やっかいだ 성가시다, 귀찮다 早々・早々 부랴부랴 下山 하산

SJPT 제2회 실전모의고사 応答例

第１部 ▶ 自己紹介

問題１　お名前は何とおっしゃいますか。

예１ カンです。

예２ カンと申します。

Q. 성함은 어떻게 되십니까?

1. 강입니다.
2. 강이라고 합니다.

단어설명

お名前(なまえ) 이름, 성명 何(なん)と 뭐라고 おっしゃる 「言(い)う-말하다」의 존경어 申(もう)す 「言(い)う-말하다」의 겸양표현

問題２　どこに住んでいますか。

예１ ブサンです。

예２ ブサンのヨンド区に住んでいます。

Q. 어디에 살고 있습니까?

1. 부산입니다.
2. 부산 영도구에 살고 있습니다.

단어설명

～に住(す)む ～에(서) 살다(거주하다) 区(く) 구

問題３　誕生日はいつですか。

예１ ８月６日です。

예2 １９７９年8月7日です。

Q. 생일은 언제입니까?

1. 8월6일입니다.
2. 1979년 8월7일입니다.

단어설명

誕生日(たんじょうび) 생일 6日(むいか) 6일 7日(なのか) 7일

問題４　趣味は何ですか。

예1 登山です。

예2 登山です。週末は近くの山に登ろうとしています。

Q. 취미는 무엇입니까?

1. 등산입니다.
2. 등산입니다. 주말에는 근처의 산에 오르려고 하고 있습니다.

단어설명

趣味(しゅみ) 취미 登山(とざん) 등산 週末(しゅうまつ) 주말 近(ちか)く 근처 山(やま) 산 登(のぼ)る 오르다

第２部 ▶ 簡単な応答

問題１　これは何ですか。

예1 ベッドです。

예2 寝るときに使うものです。

Q. 이것은 무엇입니까?

1. 침대입니다.

2. 잘 때에 사용하는 것입니다.

단어설명

ベッド 침대 寝(ね)る 자다 使(つか)う 사용하다

問題２　これは何ですか。

예１ スマホです。

예２ 携帯電話です。今は、現代人には欠かせない必需品になりました。

Q. 이것은 무엇입니까?

1. 스마트폰입니다.
2. 휴대전화입니다. 지금은 현대인에게는 뺄 수 없는 필수품이 되었습니다.

단어설명

スマホ 스마트폰 携帯電話(けいたいでんわ) 휴대전화 今(いま) 지금 現代人(げんだいじん) 현대인 欠(か)かす 빼다 必需品(ひつじゅひん) 필수품

問題３　これは何ですか。

예１ エアコンです。

예２ 室内の空気の温度や湿度などを調整する物です。

Q. 이것은 무엇입니끼?

1. 에어컨입니다.
2. 실내 공기의 온도랑 습도 등을 조정하는 물건입니다.

단어설명

室内(しつない) 실내 空気(くうき) 공기 温度(おんど) 온도 湿度(しつど) 습도 など 등 調整(ちょうせい) 조정 物(もの) 물건

問題4　これは何ですか。

예 1 机です。

예 2 本を読んだり字を書いたり、また仕事をしたりするために使うものです。

Q. 이것은 무엇입니까?

1. 책상입니다.
2. 책을 읽거나 글을 쓰거나, 또 일을 하거나 하기 위해서 사용하는 것입니다.

단어설명

机(つくえ) 책상 本(ほん) 책 読(よ)む 읽다 字(じ) 글 書(か)く 쓰다 仕事(しごと) 일 使(つか)う 사용하다

第3部 ▶ 敏速な応答

問題1　タバコの吸いすぎに気をつけてください。

예 1 もうきっぱり止めたよ。

예 2 なかなか止められなくて困っています。

Q. 담배를 너무 피우지 않도록 주의하세요.

1. 이미 딱 끊었어.
2. 좀처럼 끊을 수가 없어서 난처합니다.

단어설명

吸(す)う 피우다 동사ます형+すぎる 지나치게~하다 気(き)をつける 주의하다 止(や)める 그만두다 なかなか 좀처럼 困(こま)る 곤란하다

問題2　君だけが行かないというわけにはいかないんだよ。

예 1 そうですね。社長もいらっしゃるし。

예 2 申し訳ございません。急用ができてしまって。

Q. 자네만이 안 갈 수는 없어.

1. 맞아요. 사장님도 오시고.
2. 죄송합니다. 급한 일이 생겨 버려서.

단어설명

君(きみ) 너, 자네 ～わけにはいかない ～수는 없다 社長(しゃちょう) 사장 いらっしゃる 「行(い)く-가다/来(く)る-오다/いる-있다」 의 존경어 申(もう)し訳(わけ)ない 죄송하다 急用(きゅうよう) 급한 일

問題３　今晩、いっぱいどう?

예 1 せっかくですが、今日はちょっと。

예 2 いいですよ。何時までどこに行けばいいですか。

Q. 오늘밤, 한 잔 어때?

1. 모처럼의 제안입니다만, 오늘은 좀.
2. 좋습니다. 몇 시까지 어디로 가면 됩니까?

단어설명

今晩(こんばん) 오늘 밤 せっかく 모처럼

問題４　歩きすぎて喉がかわきました。

예 1 何か飲みますか。

예 2 少々お待ちください。すぐ水をお持ちします。

Q. 너무 많이 걸어서 목이 마르네요.

1. 뭔가 마실래요?
2. 잠시 기다려 주세요. 바로 물을 들고 오겠습니다.

단어설명

歩く 걷다 동사ます형+すぎる 지나치게~하다 喉 목(구멍) かわく 마르다 飲む 마시다 少々 잠시 待つ 기다리다 水 물 持つ 들다, 가지다

응답예 2

問題５　部長、私の報告書、ご覧になりましたか。

예１ うん、ざっと目を通したけど、これでいいじゃない?

예２ さっき見たけど、直すところがいくつかあったよ。

Q. 부장님, 제 보고서 보셨습니까?

1. 응, 대충 훑어보았지만, 이것으로 괜찮지 않아?

2. 조금 전에 봤는데 고칠 곳이 몇 갠가 있었어.

단어설명

部長 부장 報告書 보고서 ご覧になる 「見る-보다」의 존경어 ざっと 대충 目を通す 훑어보다 さっき 조금 전 直す 고치다

第４部 ▶ 短い応答

問題１　あなたの得意なことは何ですか？

예１ 私が得意なことは、初めての人に対しても友好的に接することができる社交性です。小さなこから親の仕事の関係でいろんな国や地域に引っ越ししたので、必然的にそうなってしまいました。

예２ 私が得意なことは、記憶力が良いことです。一度お会いした人の顔と名前は大概覚えてしまいます。それから電話番号を覚えることも得意です。いつか仕事で自分の特性を生かせたらと思います。

예３ 私は料理を作ることが得意です。韓国料理はもちろんのこと、西洋料理や日本料理も勉強しています。世界中の料理を研究してみましたが、やはり自分の生まれ故郷の韓国料理が一番大好きです。

SJPT 제2회 실전모의고사 応答例

Q. 당신이 잘하는 것은 무엇입니까?

1. 제가 잘하는 것은, 처음 만난 사람에 대해서도 우호적으로 대할 수가 있는 사교성입니다. 어릴 때부터 부모님의 일 관계로 여러 나라나 지역으로 이사했기 때문에 필연적으로 그렇게 되어 버렸습니다.
2. 제가 잘하는 것은, 기억력이 좋은 것입니다. 한번 만난 사람의 얼굴과 이름은 대체로 기억하고 있습니다. 그리고 전화번호를 기억하는 것도 특기입니다. 언젠가 직업으로 저의 특성을 살릴 수 있다면 좋겠다고 생각합니다.
3. 저는 요리를 만드는 것이 특기입니다. 한국요리는 물론, 서양요리나 일본요리도 공부하고 있습니다. 세계 모든 요리를 연구해 보았습니다만, 역시 제가 태어난 고향인 한국요리가 가장 좋습니다.

단어설명

得意(とくい) 특기, 잘하는 것 初(はじ)めて 처음 ～に対(たい)して ～에 대해서 友好的(ゆうこうてき) 우호적 接(せっ)する 접하다, 대하다 社交性(しゃこうせい) 사교성 小(ちい)さなころ 어릴 때 親(おや) 부모 仕事(しごと) 일 関係(かんけい) 관계 国(くに) 나라 地域(ちいき) 지역 引(ひ)っ越(こ)す 이사하다 必然的(ひつぜんてき) 필연적 記憶力(きおくりょく) 기억력 一度(いちど) 한번 会(あ)う 만나다 顔(かお) 얼굴 名前(なまえ) 이름 大概(たいがい) 대체로 覚(おぼ)える 기억하다 電話番号(でんわばんごう) 전화번호 特性(とくせい) 특성 生(い)かす 살리다 料理(りょうり) 요리 作(つく)る 만들다 韓国(かんこく) 한국 西洋(せいよう) 서양 勉強(べんきょう) 공부 世界中(せかいじゅう) 세계 모든 研究(けんきゅう) 연구 やはり 역시 生(う)まれ故郷(こきょう) 태어난 고향 一番(いちばん) 가장

問題2　あなたの苦手なことは何ですか。

예 1 私が苦手なことは、細かい物事の整理です。大きな物事に関しては気を配れるのですが、細かいことになるとミスしがちです。だから自分とは逆のことが得意な人とペアを組んで仕事をするようにしています。

예 2 私は家事が苦手です。小さいときから習い事をたくさん学んでいたので、家で母と過ごす時間が少なかったことの影響が大きいです。しかし、一人で暮らすようになって、家事の大切さが分かりました。これからは少しずつ学んでいきたいです。

예 3 理論的なことが苦手です。私は行動的な性格なので、いつも理論よりも行動を優先してしまいます。自分のことを人に説明するときには、理論的に物事を整理する必要があると実感しています。だから理論と行動のバランスがとれる人間になりたいです。

Q. 당신이 잘 못하는 것은 무엇입니까?

1. 제가 잘 못하는 것은, 자잘한 것의 정리입니다. 큰 일에 관해서는 주의를 기울일 수 있지만, 자잘한 것에는 자주 실수를 합니다. 그래서 저와는 반대의 일을 잘하는 사람과 한 팀이 되어 일을 하도록 하고 있습니다.
2. 저는 집안 일을 잘 못합니다. 어릴 때부터 학원에서 많은 것을 배웠기 때문에 집에서 어머니와 보내는 시간이 적었던 것의 영향이 큽니다. 그러나 혼자서 생활하게 되고 나서 집안 일의 소중함을 알았습니다. 앞으로는 조금씩 배워가고 싶습니다.
3. 이론적인 것이 서툽니다. 저는 행동적인 성격이기에 항상 이론보다도 행동을 우선해 버립니다. 나와 관련된 것을 다른 사람에게 설명할 때는, 이론적으로 만사를 정리할 필요가 있다고 실감하고 있습니다. 그래서 이론과 행동의 균형을 잡을 수 있는 사람이 되고 싶습니다.

단어설명

苦手(にがて) 잘 못함, 서툼, 싫어하는 것 細(こま)かい 세세하다 物事(ものごと) 모든 일 整理(せいり) 정리 ～に関(かん)して ～에 관해서 気(き)を配(くば)る 신경을 쓰다 동사ます형+がち 자주～함 逆(ぎゃく) 반대 得意(とくい) 특기, 잘하는 것 ペアを組(く)む 한 팀이 되다 家事(かじ) 가사 習(なら)い事(ごと) 배우는 것 学(まな)ぶ 배우다 母(はは) 어머니 過(す)ごす 보내다 影響(えいきょう) 영향 暮(く)らす 생활하다 大切(たいせつ)さ 소중함 分(わ)かる 알다 理論的(りろんてき) 이론적 行動的(こうどうてき) 행동적 性格(せいかく) 성격 優先(ゆうせん) 우선 説明(せつめい) 설명 必要(ひつよう) 필요 実感(じっかん) 실감

問題３　あなたの将来の夢は何ですか。

예 1 私の将来の夢は、小さくても良いからマイホームを持つことです。最近は集団住宅が増えてしまいましたが、自分は庭付きの一軒家に憧れます。現代では夢のような話ですが、それでも努力し続けようと思います。

예 2 私の将来の夢は、自分の会社を持つことです。私は小さいころから独立精神が旺盛でした。だから、人の会社で働いて出世するよりは、小さくても自分の城と呼べる会社で、世の中に貢献できるような仕事がしたいです。

예 3 私の将来の夢は、結婚して良い家庭を築くことです。今の社会において、良い家庭を築けている人は意外に少ないように思います。私は父と母が作った家庭に感謝しているので、良い家庭を子孫に伝えていきたいです。

Q. 당신의 장래의 꿈은 무엇입니까?

SJPT 제2회 실전모의고사 応答例

1. 저의 장래의 꿈은, 작아도 괜찮으니 마이홈을 가지는 것입니다. 최근에는 집단주택이 증가했습니다만, 저는 정원이 딸린 단독주택을 동경합니다. 현대에서는 꿈 같은 이야기이지만, 그래도 계속 노력하려고 생각합니다.
2. 저의 장래의 꿈은, 저의 회사를 가지는 것입니다. 저는 어릴 때부터 독립정신이 왕성했습니다. 그래서 다른 사람의 회사에서 일하고 출세하는 것보다는, 작아도 저의 성이라고 부를 수 있는 회사에서, 세상에 공헌할 수 있는 듯한 일을 하고 싶습니다.
3. 저의 장래의 꿈은, 결혼해서 좋은 가정을 구축하는 것입니다. 지금의 회사에서 좋은 가정을 구축할 수 있는 사람은 의외로 적은 듯이 생각합니다. 저는 아버지와 어머니가 만든 가정에 감사하고 있기에 좋은 가정을 자손에게 전해주고 싶습니다.

단어설명

将来(しょうらい) 장래 夢(ゆめ) 꿈 持(も)つ 가지다 最近(さいきん) 최근 集団住宅(しゅうだんじゅうたく) 집단주택 増(ふ)える 증가하다 庭付(にわつ)き 정원이 딸림 一軒家(いっけんや) 단독주택 憧(あこが)れる 동경하다 現代(げんだい) 현대 努力(どりょく) 노력 동사ます형+続(つづ)ける 계속하다 会社(かいしゃ) 회사 独立(どくりつ) 독립 精神(せいしん) 정신 旺盛(おうせい) 왕성 働(はたら)く 일하다 出世(しゅっせ) 출세 城(しろ) 성 世の中(よのなか) 세상 貢献(こうけん) 공헌 結婚(けっこん) 결혼 家庭(かてい) 가정 築(きず)く 구축하다 ～において ～에서 意外(いがい) 의외 父(ちち) 아버지 母(はは) 어머니 作(つく)る 만들다 感謝(かんしゃ) 감사 子孫(しそん) 자손 伝(つた)える 전하다

問題４　あなたが好きな食べ物は何ですか。

예 1 私が好きな食べ物は、キムチです。韓国料理のなかでは一番有名で、今では世界的な食べ物になったかと思います。乳酸菌がたくさん含まれていて、キムチをたくさん食べれば便秘にならないし、体の調子が良くなります。

예 2 私が好きな食べ物は、肉料理全般です。というか、魚料理が苦手です。肉料理だったら、どこの国の料理かは問いません。辛くても味が薄くても大丈夫です。しかし魚料理は、魚独特の生臭さが苦手で、今まであまり食べませんでした。

예 3 私が好きな食べ物は、日本料理です。私は小さいころから辛い食べ物があまり好きではなかったのです。しかし、韓国人は辛い料理が好きなので、今まで告白できずにいました。だから日本料理に出会ったときは、とても嬉しかったです。

Q. 당신이 좋아하는 음식은 무엇입니까?

1. 제가 좋아하는 음식은 김치입니다. 한국요리 중에서는 가장 유명하고, 지금은 세계적인 음식이 되었다고 생각합니다. 유산균이 많이 포함되어 있어서 김치를 많이 먹으면 변비에 걸리지 않고 몸 상태가 좋아집니다.
2. 제가 좋아하는 음식은 고기요리 전반입니다. 라고 할까, 생선요리를 싫어합니다. 고기요리라면 어느 나라의 요리라도 불문합니다. 매워도 맛이 싱거워도 괜찮습니다. 그러나 생선요리는 생선의 독특한 비린내를 싫어해서, 지금까지 별로 먹지 않았습니다.
3. 제가 좋아하는 음식은 일본요리입니다. 저는 어릴 때부터 매운 음식을 별로 좋아하지 않았습니다. 그러나 한국인은 매운 요리를 좋아하기에 지금까지 고백하지 못하고 있었습니다. 그래서 일본요리를 만났을 때는 매우 기뻤습니다.

단어설명

食べ物 음식 料理 요리 一番 가장 有名 유명 世界的 세계적 乳酸菌 유산균 含む 포함하다 便秘 변비 体 몸 調子 상태, 컨디션 肉 고기 全般 전반 魚 생선 苦手 싫어함 問う 묻다 辛い 맵다 味が薄い 맛이 싱겁다 大丈夫だ 문제없다 独特 독특 生臭さ 비린내 告白 고백 出会う 만나다 嬉しい 기쁘다

問題５　あなたの趣味は何ですか。

예 1 私の趣味は登山です。街中でも気軽に登れる山が多い韓国では、登山は国民的娯楽です。老若男女を問わずに、誰もが簡単な山歩きに親しんでいると思います。

예 2 私の趣味はキャンプです。普段は都会で仕事をしても、休日には仲間と一緒に郊外に出かけて、キャンプをする生活をしています。仕事の疲れを大自然のマイナスイオンで癒すことが習慣になっています。

예 3 私の趣味は音楽鑑賞です。いろんなジャンルの音楽を聴きますが、特に好きな音楽はジャズとクラッシックです。聞くだけでなく、最近ではクラッシックギターを勉強しています。

Q. 당신의 취미는 무엇입니까?

1. 저의 취미는 등산입니다. 동네에서도 가볍게 올라갈 수 있는 산이 많은 한국에서는 등산은 국민적인 오락 입니다. 남녀노소를 불문하고, 누구라도 손쉽게 산행에 친숙해져 있다고 생각합니다.
2. 저의 취미는 캠핑입니다. 평소는 도시에서 일을 해도 휴일에는 동료와 함께 교외로 나가서 캠핑을

하는 생활을 하고 있습니다. 일의 피로를 대자연의 마이너스 이온으로 치유하는 것이 습관이 되어 있습니다.

3. 저의 취미는 음악감상입니다. 여러 장르의 음악을 듣습니다만, 특히 좋아하는 음악은 재즈와 클래식입니다. 듣는 것뿐 아니라 최근에는 클래식기타를 공부하고 있습니다.

단어설명

趣味(しゅみ) 취미 登山(とざん) 등산 街中(まちなか) 동네, 마을 気軽(きがる)だ 부담 없다 登(のぼ)る 오르다 山(やま) 산 国民的(こくみんてき) 국민적 娯楽(ごらく) 오락 老若男女(ろうにゃくなんにょ) 남녀노소 ～を問(と)わずに ～을 불문하고 誰(だれ)もが 누구라도 簡単(かんたん) 간단 山歩(やまある)き 산행 親(した)しむ 친숙하다 普段(ふだん) 평소 都会(とかい) 도시 休日(きゅうじつ) 휴일 仲間(なかま) 동료 一緒(いっしょ)に 함께 郊外(こうがい) 교외 出(で)かける 외출하다 生活(せいかつ) 생활 疲(つか)れ 피로 大自然(だいしぜん) 대자연 癒(いや)す 치유하다 習慣(しゅうかん) 습관 音楽(おんがく) 음악 鑑賞(かんしょう) 감상 聴(き)く 듣다 特(とく)に 특히 ～だけでなく ～뿐만 아니라 最近(さいきん) 최근 勉強(べんきょう) 공부

第5部 ▶ 長い応答

問題1　社会にはいろんな価値観を持った人々が存在します。どうすれば価値観が違う人と共存できると思いますか。

예1　まずは、社会には自分とは違ういろんな価値観を持った人々がいることを実感することです。みんなが自分と同じとは限らないと考えることです。そのためには、いろんな環境に飛び込んで、様々な人々と接することが大切です。そうすれば人間にはいくつかのタイプがあることが理解できます。タイプ別にどう接すれば良いかを常に研究することも大切です。そうすれば、自然にいろんなタイプの人々と接することが出来るようになります。

예2　価値観の違う人々と共存するためには、まずは相手が自分とは違う意見を持っていることを受け入れましょう。まずは相手の意見をよく聞くことです。そして、自分の意見と違うからといって否定しないで、きっちり意見として受け止めてあげましょう。相手が言いたいことを話し終えたら、今度は自分の意見をはっきりと伝えましょう。意見が違っても、お互いにどんな考え方をしているかを知ることは大切なことです。次に、価値観の違いを受け止めながら、どうしたら一緒に何か出来るかについてお互いに考えてみましょう。あまり同じ価値観の人ばかりでないほうが良いグループが出

来ます。

예 3 同じ価値観や同じ個性を持った人ばかりだと、得意なことも苦手なことも同じ可能性も高いです。違う価値観や能力を持っている人は、自分が苦手だとすることが、かえって得意だったりもします。一見付き合うのが難しそうに見えても、かえって自分とは違う個性を持った人のほうが、人間関係がうまくいく場合が多いです。人間は、お互いに協力し合い、お互いに補い合いながら生きています。違う価値観や個性を持った人々とうまくつきあう方法は、相手を否定しないことです。人間は自分を否定されない環境では、自分の持っている良さが自然と出てきます。そして相手の短所ではなく、長所を見るようにしましょう。お互いの長所を活用することで、相手との関係が発展します。

Q. 사회에는 여러 가치관을 가진 사람들이 존재합니다. 어떻게 하면 가치관이 다른 사람과 공존할 수 있다고 생각합니까?

1. 우선은 사회에는 자신과는 다른 여러 가치관을 가진 사람들이 있는 것을 실감하는 것입니다. 모두가 자신과 같다고는 할 수 없다고 생각하는 것입니다. 그러기 위해서는 여러 환경에 뛰어들어 다양한 사람들과 접하는 것이 중요합니다. 그렇게 하면 인간에게는 몇 갠가의 타입이 있는 것을 이해할 수 있습니다. 타입 별로 어떻게 접하면 좋은지를 늘 연구하는 것도 중요합니다. 그렇게 하면 자연스럽게 여러 타입의 사람들과 접할 수가 있게 됩니다.
2. 가치관이 다른 사람들과 공존하기 위해서는 우선은 상대방이 자신과는 다른 의견을 가지고 있는 것을 받아들입시다. 우선은 상대방의 의견을 잘 듣는 것이 중요합니다. 그리고 자신의 의견과 다르기 때문이라고 해서 부정하지 말고 확실히 의견으로서 받아들입시다. 상대방이 말하고 싶은 것을 끝내면 이번에는 나의 의견을 분명히 전합시다. 의견이 달라도 서로 어떤 생각을 하고 있는가를 아는 것은 중요한 것입니다. 다음으로 가치관이 다른 것을 받아들이면서, 어떻게 하면 함께 뭔가 할 수 있는가에 대해서 서로 생각해 봅시다. 그다지 같은 가치관의 사람만 있지 않는 편이 좋은 그룹을 만들 수 있습니다.
3. 같은 가치관과 같은 개성을 가진 사람만이라면, 잘하는 것도 못하는 것도 같을 가능성이 큽니다. 다른 가치관이나 능력을 가지고 있는 사람은 자신이 서툴다고 하는 것이 오히려 잘하는 것이 되기도 합니다. 언뜻 어울리는 것이 어려울 듯이 보여도, 오히려 자신과는 다른 개성을 가진 사람 쪽이 인간관계가 잘 되는 경우가 많습니다. 인간은 서로 협력하고, 서로 보충하면서 살고 있습니다. 다른 가치관이나 개성을 가진 사람들과 잘 어울리는 방법은 상대방을 부정하지 않는 것입니다. 인간은

자신을 부정되지 환경에서는 자신이 가지고 있는 장점이 자연스럽게 나옵니다. 그리고 상대방의 단점이 아니고, 장점을 보도록 합시다. 서로의 장점을 활용하는 것으로 상대방과의 관계가 발전합니다.

단어설명

社会 사회 価値観 가치관 持つ 가지다 存在 존재 違う 다르다 共存 공존 実感 실감 ～とは限らない ～라고는 할 수 없다 環境 환경 飛び込む 뛰어들다 様々な 다양한 接する 접하다 大切だ 중요하다 理解 이해 別に 별로 常に 늘, 항상 研究 연구 自然に 자연스럽게 相手 상대방 意見 의견 受け入れる 받아들이다 ～からといって ～라고 해서 否定 부정 きっちり 분명히 受け止める 받아들이다 今度 이번 はっきり 확실히 伝える 전하다 お互いに 서로 考え方 사고방식 個性 개성 得意だ 잘하다 苦手だ 못하다 同じ 같음 可能性 가능성 能力 능력 かえって 오히려 難しい 어렵다 場合 경우 協力 협력 동사ます형+合う 서로～하다 補う 보충하다 生きる 살다 つきあう 어울리다 方法 방법 良さ 좋은 점 短所 단점 長所 장점 活用 활용 発展 발전

問題２　インターネットの出現で世界は大きく変化しました。具体的にどんな変化をもたらしましたか。あなたが思うことを述べてください。

예１ インターネットは世界に大きな革命をもたらしました。特に大きな革命が情報革命です。世界中の情報が瞬時にしかも簡単に共有できるようになりました。インターネット出現前の時代は、新聞、雑誌、テレビが情報の中心でした。新聞や雑誌は、輸送費用が高いうえに、伝達まで時間がかかりました。テレビは、電波で瞬時に情報を伝達できる手段ではありますが、テレビ用の電波を使用することは、一部の特定企業にしか許されていませんでした。しかし、インターネットの普及によって、これらの既存メディアは徐々に影響力を失いつつあります。インターネットでは、誰もが情報の発信者になれるからです。

예２ インターネットは、現代最大の技術革新だと考えます。それまでの情報は、大企業によるマスメディアが中心でした。しかし、インターネットの出現によって、誰でもスマートフォンさえあれば、簡単に情報の発信者になれるようになりました。それと同時に、情報を隠蔽することが難しくなりました。以前は、情報は特定の企業がコントロールするものでしたが、市民全員が情報の目撃者であり、監視人です。大手マスコ

ミが嘘の情報を発信すれば、市民の誰かがすぐにそのマスコミを摘発することも可能です。

예 3 インターネットの出現によって、世界中の情報に簡単にアクセスできるようになりました。昔だったら調べ物は図書館に行って辞書や本で調べていたものが、今ではインターネットで簡単に検索できるようになりました。知りたい情報を、お互いに教え合うことも可能になりました。買い物さえも、需要と供給のシステムで、ネット販売を使用すれば、業者だけでなく、民間人からも購入できるようになりました。まさに情報の独占時代から、情報の解放時代という大革命を成し遂げたのがインターネットです。その反面、インターネットによって悪いことも生じました。個人情報がネットを通して流出、そして国家規模のハッキングなど、悪用も目立ちます。悪用をしっかりと取り締まるシステムを構築したうえで、さらにインターネットが文明の発展に寄与することを願います。

Q. 인터넷의 출현으로 세계는 크게 변화했습니다. 구체적으로 어떤 변화를 초래했습니까? 당신이 생각하는 것을 말해 주세요.

1. 인터넷은 세계에 큰 혁명을 가져왔습니다. 특히 큰 혁명이 정보혁명입니다. 세계 모든 정보가 순식간에 게다가 손쉽게 공유할 수 있게 되었습니다. 인터넷 출현 전의 시대는, 신문, 잡지, 텔레비전이 정보의 중심이었습니다. 신문이나 잡지는 운송비용이 높은 데다가 전달까지 시간이 걸렸습니다. 텔레비전은 전파로 순식간에 정보를 전달할 수 있는 수단이기는 하지만, 텔레비전 용의 전파를 사용하는 것은, 일부의 특정기업밖에 허락되지 않았습니다. 그러나 인터넷의 보급에 의해 이러한 것들의 기존 미디어는 서서히 영향력을 잃고 있는 중입니다. 인터넷에서는 누구라도 정보의 발신자가 될 수 있기 때문입니다.
2. 인터넷은 현대 최대의 기술혁신이라고 생각합니다. 그때까지의 정보는 대기업에 의한 매스미디어가 중심이었습니다. 그러나 인터넷의 출현에 의해서 누구라도 스마트폰만 있으면, 손쉽게 정보의 발신자가 될 수 있게 되었습니다. 그것과 동시에 정보를 은폐하는 것이 어려워졌습니다. 이전에는, 정보는 특정 기업이 컨트롤하는 것이었습니다만, 시민 전원이 정보의 목격자이고, 감시인입니다. 대형 매스컴이 거짓의 정보를 발신하면, 시민의 누군가가 바로 그 매스컴을 적발하는 것도 가능합니다.
3. 인터넷의 출현에 의해서 세계 모든 정보에 손쉽게 접속할 수 있게 되었습니다. 옛날이었다면 조사할 것은 도서관에 가서 사전이나 책으로 살펴보았던 것이, 지금은 인터넷으로 간단히 검색할 수 있

게 되었습니다. 알고 싶은 정보를 서로 가르쳐 주는 것도 가능하게 되었습니다. 쇼핑조차도 수요와 공급의 시스템으로, 인터넷 판매를 사용하면 업자뿐만 아니라 민간인으로부터도 구입할 수 있게 되었습니다. 바로 정보의 독점시대부터, 정보의 해방시대라는 대혁명을 달성한 것이 인터넷입니다. 그 반면, 인터넷에 의해서 나쁜 일도 생겼습니다. 개인정보가 인터넷을 통해서 유출, 그리고 국가규모의 해킹 등, 악용도 눈에 띕니다. 악용을 확실히 단속하는 시스템을 구축하고 나서, 더 나아가 인터넷이 문명의 발전에 기여할 것을 바랍니다.

단어설명

出現 출현 世界 세계 変化 변화 具体的 구체적 もたらす 초래하다 述べる 말하다, 서술하다 革命 혁명 特に 특히 情報 정보 世界中 세계 모든 瞬時に 순식간에 しかも 게다가 簡単 간단 共有 공유 出現前 출현 전 時代 시대 雑誌 잡지 中心 중심 輸送 수송 費用 비용 ～うえに ～데다가 伝達 전달 電波 전파 手段 수단 使用 사용 一部 일부 特定 특정 企業 기업 許す 허락하다 普及 보급 既存 기존 徐々に 서서히 影響力 영향력 失う 잃어버리다 동사ます형+つつある ～하는 중이다 誰もが 누구라도 発信者 발신자 現代 현대 最大 최대 技術 기술 革新 혁신 大企業 대기업 ～さえ…ば ～만…면 同時 동시 隠蔽 은폐 難しい 어렵다 以前 이전 特定 특정 市民 시민 全員 전원 目撃者 목격자 監視人 감시인 大手 대형 嘘 거짓말 摘発 적발 可能 가능 昔 옛날 調べ物 조사할 것 図書館 도서관 辞書 사전 調べる 조사하다 検索 검색 お互いに 서로 教える 가르치다 買い物 쇼핑 さえ 조차 需要 수요 供給 공급 販売 판매 業者 업자 ～だけでなく ～뿐만 아니라 民間人 민간인 購入 구입 まさに 바로 独占 독점 解放 해방 成し遂げる 이룩하다, 달성하다 反面 반면 生じる 생기다 個人 개인 ～を通して ～을 통해서 流出 유출 国家 국가 規模 규모 悪用 악용 目立つ 눈에 띄다 しっかり 확실히 取り締まる 단속하다 構築 구축 ～うえで ～하고 나서 さらに 더 나아가 文明 문명 発展 발전 寄与 기여 願う 바라다

問題３　現代人は、いろんなことでストレスを受けています。このストレスへの解決策としてあなたが考えていることを話してください。

예１ ストレスの解決策は、ストレスをストレスだと感じない私になることかと思います。物事は捉え方次第で、180度意味が変わることがよくあります。面白いことに、長所と短所は裏腹になっています。自分がストレスに感じることは、考え方によっては、自分が克服すべき課題に直面している場合と受け取れることがあります。そして様々

なストレスのなかに、ビジネスチャンスが潜んでいたりもします。だから、ストレスの真の意味をいつも考えることのできる私を心がけています。

예 2 私のストレス解消法は、自然に接することです。いつも週末には、都心の家から、郊外に出かけるようにしています。山だったら登山やキャンプ、海だったら釣りやダイビングをして、普段とは違った時間を過ごすようにしています。高度に発展した現代社会に生きていると、本来地球に備わっている大自然を忘れがちになります。大自然に接することは、ある意味で命がけの時もあります。しかし、過酷な大自然に比べたら、日頃の日常で感じるストレスがとても小さく感じられるようになります。

예 3 現代社会の発展と共に、ストレスを感じる人々は急増しています。ですから私は、今後の社会では、趣味産業やレジャー産業が必須だと感じています。キャンプ、登山、釣り、ダイビングなどのアウトドア、オートバイ、モーターボート、スカイダイビングなど臨場感あふれるスポーツ、そして世界旅行。小さなものから大きなものまで、ストレスを解決できる方法のすべてに、ビジネスチャンスを感じています。これらのビジネスが適正に発展することは、現代人を根こそぎストレスから解消することになると信じています。

Q. 현대인은, 여러 일로 스트레스를 받고 있습니다. 이 스트레스에 대한 해결책으로서 당신이 생각하고 있는 것을 말해 주세요.

1. 스트레스의 해결책은 스트레스를 스트레스라고 느끼지 않는 내가 되는 것이라고 생각합니다. 만사는 받아들이는 방법에 따라서 180도 의미가 바뀌는 경우가 자주 있습니다. 재미있게도 장점과 단점은 정반대입니다. 자신이 스트레스로 느끼는 것은, 생각하는 방법에 따라서는 자신을 극복해야만 하는 과제로 직면하고 있는 경우라고 받아들일 수가 있습니다. 그리고 다양한 스트레스 속에 비즈니스 찬스가 숨어있기도 합니다. 그래서 스트레스의 진정한 의미를 항상 생각할 수 있는 저를 명심하고 있습니다.
2. 저의 스트레스 해소법은 자연스럽게 대하는 것입니다. 항상 주말에는, 도심의 집에서 교외로 나가도록 하고 있습니다. 산이라면 등산이나 캠핑, 바다라면 낚시나 다이빙을 해서, 평소와는 다른 시간을 보내도록 하고 있습니다. 고도로 발전한 현대사회에 살고 있으면 본래 지구에 소속되어 있는 대자연을 잊기 쉬워집니다. 대자연을 접하는 것은, 어떤 의미로 목숨을 걸 때도 있습니다. 그러나 가혹한 대자연과 비교하면 평소의 일상에서 느끼는 스트레스가 매우 작게 느껴지게 됩니다.
3. 현대사회의 발전과 함께, 스트레스를 느끼는 사람들은 급증하고 있습니다. 그래서 저는, 앞으로의

사회에서는 취미산업이나 레저산업이 필수라고 느끼고 있습니다. 캠핑, 등산, 낚시, 다이빙 등의 아웃도어, 오토바이, 모터보트, 스카이다이빙 등 현장감이 넘치는 스포츠, 그리고 세계여행. 작은 것에서 큰 것까지, 스트레스를 해결할 수 있는 방법의 모든 것에 비즈니스 찬스를 느끼고 있습니다. 이러한 비즈니스가 적정하게 발전하는 것은 현대인을 뿌리째 스트레스를 해소하는 것이 된다고 느끼고 있습니다.

단어설명

現代人 현대인 受ける 받다 解決策 해결책 物事 만사 捉え方 포착하는 방법 명사+次第 ~에 따름 意味 의미 変わる 바뀌다 面白い 재미있다 ～ことに ～하게도 長所 장점 短所 단점 裏腹 정반대, 모순 克服 극복 ～すべき ～해야 함 課題 과제 直面 직면 場合 경우 受け取る 받아들이다 様々な 다양한 潜む 숨어 있다 真 진정한 心がける 명심하다 解消法 해소법 自然に 자연스럽게 接する 접하다, 대하다 週末 주말 都心 도심 郊外 교외 出かける 외출하다 登山 등산 海 바다 釣り 낚시 普段 평소 違う 다르다 過ごす 보내다 高度 고도 発展 발전 現代社会 현대사회 生きる 살다 本来 본래 地球 지구 備わる 갖춰지다, 구비되다 大自然 대자연 忘れる 잊다 동사ます형+がち ～하기 쉬움 命がけ 목숨을 검 過酷 가혹 比べる 비교하다 日頃 평소 日常 일상 ～と共に ～와 함께 急増 급증 今後 앞으로 趣味 취미 産業 산업 必須 필수 臨場感 현장감 あふれる 넘치다 世界 세계 旅行 여행 方法 방법 すべて 모든 適正 적정 根こそぎ 전부, 남김없이 信じる 믿다

問題４　他人とのコミュニケーションがうまく取れないことで悩んでいる人が多くなっていると思います。この他人とのコミュニケーションについてどう思いますか。

예１ 他人とのコミュニケーションとは、言葉や心情を媒介としたキャッチボールかと思います。まず言葉を発信する人がいて、受け取る人がいます。そして受けた言葉に応える形で、相手に言葉を投げ返します。コミュニケーションは完全なる共同作業です。コミュニケーションがうまく取れないということは、言葉のキャッチボールが一方通行になっている可能性があります。言葉を受けたら、まずは相手の話を聞くことに集中して、相手が望むような形で回答すると、会話がうまく始まります。そして自分の話をするときは、話の流れをよく見て、それから話を切り出すと、うまくいくと思います。

예２ 他人とのコミュニケーションは、相手によって異なります。コミュニケーションしや

すい相手もいれば、逆にコミュニケーションしにくい相手もいます。ですから日ごろから様々なタイプの人と積極的にコミュニケーションする機会を作り、タイプ別に分類して、対策を考えるようにしています。特に私が苦手とするタイプの人とのコミュニケーションにおいては、まずは相手の話をたくさん聞くようにしています。相手の事情や考えていること、それから行動パターンがある程度把握できれば、コミュニケーションにおいて大きな助けになります。

예 3 人間には様々なタイプがあり、みんなが決して自分と同じではないことを、大前提として知っておく必要があります。みんながそれぞれ独自の個性を持ち、独自の人生経験を積んでいるので、当たり前のことです。同じことを伝えても、受け取る相手によっては全然違う意味に受け取ることは十分にあり得ます。ですから他人とのコミュニケーションにおいては、誤解が生じることは珍しいことではないと考えて、相手とのコミュニケーションに臨めば、万が一トラブルが生じても、冷静に対応できると思います。

Q. 타인과의 커뮤니케이션이 잘 되지 않는 것으로 고민하고 있는 사람이 많아졌다고 생각합니다. 이 타인과의 커뮤니케이션에 대해서 어떻게 생각합니까?

1. 타인과의 커뮤니케이션이라는 것은 말이나 심정을 매개로 한 캐치볼이라고 생각합니다. 우선 말을 발신하는 사람이 있고 받는 사람이 있습니다. 그리고 받았던 말에 부응하는 형태로, 상대에게 말을 되돌려 보냅니다. 커뮤니케이션은 완전한 공동작업입니다. 커뮤니케이션이 잘 되지 않는다는 것은 말의 캐치볼이 일방통행이 되어 있을 가능성이 있습니다. 말을 받으면, 우선은 상대의 이야기를 듣는 것에 집중하고, 상대가 바라는 듯한 형태로 대답하면 대화가 잘 시작됩니다. 그리고 자신의 이야기를 할 때는, 이야기의 흐름을 잘 보고, 그리고 나서 말을 꺼내기 시작하면 잘 될 거라고 생각합니다.
2. 타인과의 커뮤니케이션은, 상대에 따라서 다릅니다. 커뮤니케이션하기 쉬운 상대도 있고, 반대로 커뮤니케이션하기 어려운 상대도 있습니다. 그래서 평소부터 다양한 타입의 사람과 적극적으로 커뮤니케이션할 기회를 만들어 타입 별로 분류하여 대책을 생각하도록 하고 있습니다. 특히 제가 상대하기 싫은 타입의 사람과의 커뮤니케이션에 있어서는 우선은 상대의 이야기를 많이 듣도록 하고 있습니다. 상대의 사정이나 생각하고 있는 것, 그리고 나서 행동패턴이 어느 정도 파악할 수 있으면 커뮤니케이션에서 큰 도움이 됩니다.
3. 인간에게는 다양한 타입이 있고, 모두가 결코 자신과 같지 않다는 것을 대전제로서 알아 둘 필요가

있습니다. 모두가 제 각각 독자의 개성을 가지고, 독자의 인생경험을 쌓고 있기 때문에 당연한 것입니다. 같은 것을 전해도 받아들이는 상대에 따라서는 전혀 다른 의미로 받아들이는 경우는 충분히 있을 수 있습니다. 그래서 타인과의 커뮤니케이션에서는 오해가 생기는 것은 신기한 것이 아니라고 생각하여 타인과의 커뮤니케이션에 임하면, 만일 문제가 생겨도 냉정하게 대응할 수 있다고 생각합니다.

단어설명

他人 타인 言葉 말 心情 심정 媒介 매개 発信 발신 受け取る 받아들이다 応える 부응하다 形 형태 相手 상대 投げ返す 되돌려 보내다 完全 완전 共同 공동 作業 작업 一方通行 일방통행 可能性 가능성 集中 집중 望む 바라다 回答 회답 会話 대화 始まる 시작되다 流れ 흐름 切り出す 말을 꺼내다 異なる 다르다 逆に 반대로 日ごろ 평소 様々な 다양한 積極的 적극적 機会 기회 作る 만들다 別に 별로 分類 분류 対策 대책 特に 특히 苦手だ 서툴다, 안 맞다 事情 사정 行動 행동 ある程度 어느 정도 把握 파악 助け 도움 決して 결코 大前提 대전제 必要 필요 独自 독자 個性 개성 人生 인생 経験 경험 積む 쌓다 当たり前だ 당연하다 伝える 전하다 全然 전혀 違う 다르다 意味 의미 十分に 충분히 あり得る 있을 수 있다 ～においては ～에 있어서는 誤解 오해 生じる 생기다 珍しい 신기하다 臨む 임하다 万が一 만일 冷静 냉정 対応 대응

第６部 ▶ 場面設定

問題１　会社で販売した商品に関してクレームの電話がかかってきました。何とか相手のお客様が納得するように対処してください。

예１ お客様、大変申し訳ございませんでした。この度は弊社の商品をご購入いただいたにもかかわらず、このような不祥事が生じてしまったことは、非常に遺憾です。お客様のように商品に欠陥があった場合、弊社では新品と交換させていただいております。お手数ではございますが、お手元の商品を着払いで弊社までお送りいただけないでしょうか。欠陥商品が到着し次第、すぐに新品の商品をお送りしたします。

예２ お客様、この度は非常にご迷惑をおかけして、申し訳ございませんでした。すぐに手配を取らせていただきます。弊社からお客様の家まで欠陥商品引き取りの宅配を手配しますので、欠陥商品を簡単に梱包して宅配にお渡しいただけませんでしょうか。欠

陥商品を確認し次第、すぐに新しい商品をお送りいたします。今後はこのような不祥事が起きないように努めます。

예 3 この度は私どもの商品のことで、大変なご迷惑をおかけしたこと、深くお詫び申し上げます。すぐに交換の手続きに入りますので、ご安心ください。まずは私どもの職員が、欠陥が見つかった商品の回収に伺います。日程は明日でもよろしいでしょうか。商品を簡単に梱包してお待ちください。商品の回収が出来次第、すぐに新品の商品を発送します。弊社の商品を使用いただけるまで、少々お待たせしてしまいますが何卒ご了承いただけるようお願い申し上げます。

Q. 회사에서 판매했던 상품에 관해서 클레임의 전화가 걸려 왔습니다. 어떻게든 상대방 손님이 납득하도록 대처해 주세요.

1. 손님, 대단히 죄송했습니다. 이번에는 저희 회사의 상품을 구입해 주셨음에도 불구하고, 이러한 불상사가 생긴 것은 매우 유감입니다. 손님처럼 상품에 결함이 있었을 경우, 저희 회사에서는 신상품과 교환하고 있습니다. 수고스럽겠지만 가지고 계시는 상품을 착불로 저희 회사로 보내주실 수 없을까요? 결함상품이 도착하는 대로, 바로 신상 품을 보내 드리겠습니다.
2. 손님, 이번에는 매우 폐를 끼쳐서 죄송했습니다. 바로 살펴보겠습니다. 저희 회사에서 손님의 집까지 결함상품 인수 택배를 알아볼 테니, 결함상품을 간단히 포장해서 택배에 맡겨 주실 수 없겠습니까? 결함상품을 확인하는 대로 바로 새로운 상품을 보내 드리겠습니다. 앞으로는 이러한 불상사가 일어나지 않도록 노력하겠습니다.
3. 이번에는 저희들의 상품의 일로, 엄청난 폐를 끼쳤던 것, 깊이 사과 말씀드립니다. 바로 교환 절차에 들어갈 테니 안심해 주세요. 우선은 저희들의 직원이 결함이 발견된 상품의 회수를 위해 찾아뵙겠습니다. 일정은 내일이라도 괜찮을까요? 상품을 간단히 포장해서 기다려 주세요. 상품의 회수가 되는 대로 바로 신상품을 발송하겠습니다. 저희 회사의 상품을 사용하실 수 있을 때까지 잠시 기다리게 합니다만, 부디 양해해 주실 수 있도록 부탁 말씀드립니다.

단어설명

会社(かいしゃ) 회사 販売(はんばい) 판매 商品(しょうひん) 상품 ～に関(かん)して ～에 관해서 相手(あいて) 상대 お客様(きゃくさま) 손님 納得(なっとく) 납득 対処(たいしょ) 대처 大変(たいへん) 매우 申(もう)し訳(わけ)ない 죄송하다 この度(たび) 이번 弊社(へいしゃ) 저희 회사 購入(こうにゅう) 구입 ～にもかかわらず ～에도 불구하고 不祥事(ふしょうじ) 불상사 生(しょう)じる 생기다 非常(ひじょう)に 매우 遺憾(いかん) 유감 欠陥(けっかん) 결함 場合(ばあい) 경우 新品(しんぴん)

SJPT 제2회 실전모의고사 応答例

신상품 交換 교환 동사사역형+〜ていただく 〜하겠다 手数 수고스러움 手元 수중 着払い 착불 送る 보내다 到着 도착 동사ます형+次第 〜하는 대로 迷惑をかける 폐를 끼치다 手配 수배, 알아봄 引き取り 인수 宅配 택배 簡単 간단 梱包 포장 渡す 건네다 確認 확인 新しい 새롭다 今後 앞으로 起きる 일어나다 努める 노력하다 私ども 저희들 深い 깊다 詫びる 사과하다 手続き 수속 安心 안심 職員 직원 見つかる 발견되다 回収 회수 伺う 찾아 뵙다 日程 일정 明日 내일 待つ 기다리다 発送 발송 使用 사용 少々 조금 何卒 부디 了承 양해

問題２　引っ越しを計画しています。出来れば来月から住める家で、今住んでいる部屋よりも条件の良い部屋を探しています。不動産屋にうまく新しい部屋の希望を伝えてください。

예１ 私は来月から住むことができる家を探しています。実は、今の家の家賃が少し高いので、もう少し安くて、条件の良い場所を探しています。場所は、現在通っている学校の近くが良いので、高田馬場駅から徒歩１０分くらいで見つけたいです。今の家はひとり暮らし用の新築ワンルームマンションで、家賃は月１０万円です。しかし、築年数は多少古くても良いので、部屋が２部屋あって、家賃も１０万円以下で探しています。

예２ このあたりで来月から住める家を探しています。在宅勤務が増えたので、都心部よりは海に近い郊外に引っ越したいと思っています。部屋は２LDKくらいで、せっかく郊外に引っ越すので、日当たりが良くて、駐車場がついている部屋が希望です。少し古いのはOKですが、あまり古すぎて水回りが良くない部屋は避けたいです。近所に店はあまりなくても、車で動くので、あまり気にしませんが、コンビニくらいは近所にあったほうが良いです。ちなみにこのあたりの家賃の相場もお教えください。

예３ 今月末に引っ越しできる賃貸マンションを探しています。家族４人ですが、子供は小学１年生と小学３年生です。だから、近所に小学校と中学校がある場所が良いです。自分は電車で会社通勤する予定なので、最寄り駅から徒歩１０分以内くらいで考えたいです。それから、妻のことを考えると、商店街やスーパーからあまり遠くない場所も良いです。問題の家賃ですが、月１５万円くらいだとありがたいですが、２０万円くらいまでなら許容範囲です。

Q. 이사를 계획하고 있습니다. 가능하면 다음달부터 살 수 있는 집으로, 지금 살고 있는 방보다도 조

건이 좋은 방을 찾고 있습니다. 부동산에 새로운 방의 희망을 잘 전달해 주세요.

1. 저는 다음달부터 거주할 수가 있는 집을 찾고 있습니다. 실은, 지금 살고 있는 집의 집세가 조금 비싸서, 좀 더 저렴하고 조건이 좋은 장소를 찾고 있습니다. 장소는, 현재 다니고 있는 학교 근처가 좋으니, 타카다노바바 역에서 도보 10분 정도로 찾고 싶습니다. 지금 살고 있는 집은 독신용의 신축 원룸 맨션으로 집세는 월 10만엔입니다. 그러나 건축 년수는 다소 오래되어도 좋으니 방이 2개가 있고, 집세도 10만 엔 이하로 찾고 있습니다.
2. 이 주변에서 다음달부터 거주할 수 있는 집을 찾고 있습니다. 재택근무가 늘었기에 도심부보다는 바다에 가까운 교외로 이사하고 싶다고 생각하고 있습니다. 방은 2LDK정도로, 모처럼 교외로 이사하기에 햇살이 잘 들고 주차장이 있는 방을 희망합니다. 조금 오래된 것은 좋습니다만, 너무 오래되어 수전이 좋지 않은 방은 피하고 싶습니다. 근처에 가게는 별로 없어도 자동차로 움직이기 때문에 별로 신경 쓰지 않습니다만, 편의점 정도는 근처에 있는 편이 좋습니다. 덧붙여 이 주변의 집세의 시세도 가르쳐 주세요.
3. 이번 달 말에 이사할 수 있는 임대 맨션을 찾고 있습니다. 가족이 4명이지만, 아이는 초등학교 1학년과 3학년입니다. 그래서 근처에 초등학교와 중학교가 있는 장소가 좋습니다. 저는 전철로 회사로 통근할 예정이어서, 가장 가까운 역에서 도보 10분 이내 정도로 생각하고 싶습니다. 그리고 아내를 생각하면, 상점가와 슈퍼에서 그다지 멀지 않는 장소도 좋습니다. 문제인 집세입니다만, 월 15만 엔 정도라면 고맙겠습니다만, 20만 엔까지라면 허용 범위입니다.

단어설명

引っ越し 이사 計画 계획 来月 다음달 住む 거주하다 部屋 방 条件 조건 探す 찾다 不動産屋 부동산 新しい 새롭다 希望 희망 伝える 전하다 実は 실은 家賃 집세 場所 장소 現在 현재 通う 다니다 近く 근처 徒歩 도보 見つける 찾다 ひとり暮らし用 독신용 新築 신축 月 월 築年数 건축 년수 多少 다소 古い 오래되다 以下 이하 このあたり 이 주변 在宅勤務 재택근무 増える 증가하다 都心部 도심부 海 바다 近い 가깝다 郊外 교외 せっかく 모처럼 日当たり 햇볕이 드는 정도 駐車場 주차장 水回り 수전 避ける 피하다 近所 근처 店 가게 動く 움직이다 気にする 신경 쓰다 ちなみに 덧붙여 相場 시세 教える 가르치다 今月末 이번 달 말 家族 가족 小学校 초등학교 中学校 중학교 電車 전철 通勤 통근 予定 예정 最寄り駅 가장 가까운 역 妻 아내 商店街 상점가 遠い 멀다 許容 허용 範囲 범위

問題３　うっかりコーヒーをこぼして、友人から借りた本を汚してしまいました。友人を傷つけないように事情を伝えて、本を返却してください。

예１ 先日は本を貸してくれてありがとう。とても面白い本だった。だけど、うっかりコーヒーを本にこぼしちゃったよ。軽くふき取って乾かしてみたけど、少し染みが残ってしまって。大切な本を汚してしまってごめんね。本を弁償して返そうとも考えたけど、どこにこの本が売っているか分からなくて、何とか本を探して弁償するようにするから。もう一度謝るよ。

예２ 先日借りていた本を返そうと思うんだけど、とても言いにくい話なんだけど、実は本をコーヒーで汚してしまいました。すぐにふき取ったけど、完璧には落ちなくて、うっすらと跡が残ってしまいました。言い出しにくかったけど、きっちりと対処しなくてはいけないからお話ししました。本当にごめんなさい。大切な本を、私に貸してくれたのに、本当に申し訳なかったです。同じ本を探して弁償するようにします。

예３ あなたから借りていた本なんだけど、コーヒーショップで読んでいたら、隣の人とぶつかって、運悪く手元にあったコーヒーがこぼれて、本に少しかかってしまった。急いでコーヒーをふき取って乾かしたんだけど、どう頑張っても、うすく染みが残ってしまったよ。もう１週間は本を借りているので、とりあえず返そうと思って持ってきた。弁証しようと思って、ネットで調べてみたら、注文できるようだったので、弁証するよ。それまで、その本を使ってもらえたらと思うが。

Q. 깜빡 커피를 엎질러서, 친구로부터 빌린 책을 더럽혀 버렸습니다. 친구를 상처 입히지 않도록 사정을 전하고 책을 반납해 주세요.

1. 지난번에는 책을 빌려주어서 고마워. 정말 재미있는 책이었어. 하지만, 깜빡 커피를 책에 엎질렀어. 가볍게 훔쳐내어 말려보았는데 조금 얼룩이 남았어. 소중한 책을 더럽혀서 미안해. 책을 변상해서 돌려주려고 생각했는데, 어디에 이 책이 팔고 있는지 몰라서, 어떻게든 책을 찾아서 변상하도록 할게. 한번 더 사과할게.
2. 전날 빌렸던 책을 돌려주려고 생각했는데, 정말 꺼내기 어려운 이야기이지만, 실은 책을 커피로 더럽혀 버렸습니다. 바로 훔쳐냈는데 완벽하게는 지워지지 않고 어렴풋이 흔적이 남아버렸습니다. 말을 꺼내기 어려웠지만, 반드시 대처해야만 했기에 말씀드렸습니다. 정말로 미안합니다. 소중한 책을 나에게 빌려주었는데 정말로 죄송했습니다. 같은 책을 찾아서 변상하도록 하겠습니다.

3. 당신에게 빌렸던 책인데, 커피숍에서 읽고 있다가 옆 사람과 부딪혀서 운이 나쁘게 손에 있던 커피가 엎질러져, 책에 조금 묻어 버렸어. 서둘러 커피를 훔쳐내고 말렸는데, 아무리 최선을 다해도 엷게 얼룩이 남아 버렸어. 이미 일주일 동안 책을 빌렸기에 우선 돌려주려고 생각해서 들고 왔어. 변상하려고 생각하여 인터넷에서 살펴보니 주문할 수 있을 것 같으니까 변상할게. 그때까지 그 책을 사용했으면 해.

단어설명

うっかり 깜빡 こぼす 엎지르다 友人 친구 借りる 빌리다 汚す 더럽히다 傷つける 상처 입히다 事情 사정 伝える 전하다 返却 반납 先日 전날 貸す 빌려주다 面白い 재미있다 軽い 가볍다 ふき取る 훔쳐내다 乾かす 말리다 少し 조금 染み 얼룩 残る 남다 大切 소중함 弁償 변상 返す 돌려주다 売る 팔다 分かる 알다 探す 찾다 一度 한번 謝る 사과하다 実は 실은 完璧 완벽 落ちる 떨어지다, 지워지다 うっすら 어렴풋이 跡 흔적 きっちり 꼭 対処 대처 本当に 정말로 申し訳ない 죄송하다 隣 옆, 근처 ぶつかる 부딪히다 運悪く 운 나쁘게 手元 수중 こぼれる 엎질러지다 急ぐ 서두르다 頑張る 열심히 하다 うすい 엷다 週間 주일 とりあえず 우선 調べる 조사하다 注文 주문 使う 사용하다

第７部 ▶ 連続した絵

（１）友人と喫茶店で待ち合わせをしていましたが、時間よりも早く到着してしまい、まだ友人は来ていないようです。何も注文しないのはお店に失礼なので、とりあえずコーヒーだけ注文しました。時間まではあと１０分あるので、携帯でメールチェックをしながら時間をつぶしました。

（２）約束の時間になりました。だけど友人はまだやってきません。仕方がないので、友人に電話してみました。友人の話によると、喫茶店に来る途中で、電車が事故のために遅れていたそうで、到着まであと３０分はかかるそうです。

（３）仕方がないので、今度はネットで新聞を検索して、今日のニュースを読み始めました。しかし、すぐにニュースも飽きてしまったし、他にも面白い読み物が見当たりません。さらにコーヒーも飲み干してしまったので、追加でミルクティーを注文しました。

SJPT 제2회 실전모의고사 応答例

（4）それからしばらくして友人が喫茶店に到着しました。電車のなかは大変込んでいたそうで、友人は汗だくでした。彼のためにアイスコーヒーを注文しました。彼は一気にアイスコーヒーを飲み干すと、駅や電車のなかでのことをずっと語っていました。

1. 친구와 커피숍에서 약속을 했습니다만, 시간보다도 빨리 도착해버려, 아직 친구는 오지 않은 것 같습니다. 아무것도 주문하지 않는 것은 가게에 실례여서, 우선 커피만 주문했습니다. 시간까지는 앞으로 10분 남았기에 휴대전화로 문자를 체크하면서 시간을 보냈습니다.
2. 약속 시간이 되었습니다, 하지만 친구는 아직 오지 않았습니다. 어쩔 수가 없어서 친구에게 전화를 했습니다. 친구의 이야기에 의하면 커피숍에 오는 도중에 전철이 사고 때문에 늦는다고 하고 도착까지 앞으로 30분은 걸린다고 합니다.
3. 어쩔 수가 없기에 이번에는 인터넷으로 신문을 검색해서 오늘의 뉴스를 읽기 시작했습니다. 그러나 바로 뉴스도 질려버렸고, 그 외에도 재미있는 읽을 거리가 발견되지 않습니다. 더 나아가 커피도 전부 마셨기에 추가로 밀크티를 주문했습니다.
4. 그리고 나서 잠시 뒤에 친구가 커피숍에 도착했습니다. 전철 안은 매우 복잡했다고 하고, 친구는 땀투성이였습니다. 그를 위해 아이스커피를 주문했습니다. 그는 단숨에 아이스커피를 마시자 역과 전철 안에서의 일을 계속 말했습니다.

단어설명

友人(ゆうじん) 친구 喫茶店(きっさてん) 커피숍 待(ま)ち合(あ)わせ 약속 早(はや)く 빨리 到着(とうちゃく) 도착 何(なに)も 아무것도 注文(ちゅうもん) 주문 店(みせ) 가게 失礼(しつれい) 실례 とりあえず 우선 あと 앞으로 携帯(けいたい) 휴대폰 時間(じかん)をつぶす 시간을 보내다 約束(やくそく) 약속 仕方(しかた)がない 어쩔 수 途中(とちゅう) 도중 電車(でんしゃ) 전철 事故(じこ) 사고 遅(おく)れる 늦디 今度(こんど) 이번 新聞(しんぶん) 신문 検索(けんさく) 검색 読(よ)み始(はじ)める 읽기 시작하다 飽(あ)きる 질리다 他(ほか) 그 외 面白(おもしろ)い 재미있다 読(よ)み物(もの) 읽을 거리 見当(みあ)たる 발견되다 さらに 더 나아가 飲(の)み干(ほ)す 다 마시다 追加(ついか) 추가 大変(たいへん) 매우 込(こ)む 붐비다 汗(あせ)だく 땀투성이 一気(いっき)に 단숨에 駅(えき) 역

SJPT 제3회 실전모의고사 応答例

第1部 ▶ 自己紹介

問題1　お名前は何とおっしゃいますか。

예1 ユです。
예2 ユインアと申します。

Q. 성함은 어떻게 되십니까?
1. 유입니다.
2. 유 인아라고 합니다.

단어설명

お名前(なまえ) 이름, 성명 何(なん)と 뭐라고 おっしゃる 「言(い)う-말하다」의 존경어 申(もう)す 「言(い)う-말하다」의 겸양표현

問題2　どこに住んでいますか。

예1 デグです。
예2 デグのスソン区に住んでいます。

Q. 어디에 살고 있습니까?
1. 대구입니다.
2. 대구 수성구에 살고 있습니다.

단어설명

～に住(す)む ～에(서) 살다(거주하다) 区(く) 구

問題3　誕生日はいつですか。

예1 2月5日です。

예2　１９６９年2月5日です。

Q. 생일은 언제입니까?
1. 2월5일입니다.
2. 1969년 2월 5일입니다.

단어설명

誕生日(たんじょうび) 생일

問題４　趣味は何ですか。

예１ スポーツです。
예２ スポーツです。特に野球が好きで毎週末やっています。

Q. 취미는 무엇입니까?
1. 스포츠입니다.
2. 스포츠입니다. 특히 야구를 좋아해서 매주말 하고 있습니다.

단어설명

趣味(しゅみ) 취미 特(とく)に 특히 野球(やきゅう) 야구 好(す)きだ 좋아하다 毎週末(まいしゅうまつ) 매 주말

第２部 ▶ 簡単な応答

問題１　これは何ですか。

예１ カーナビです。
예２ 自動車に搭載されるもので、道案内などを行い運転者を支援するシステムです。

Q. 이것은 무엇입니까?
1. 카 내비게이션입니다.

2. 자동차에 탑재된 것으로, 길안내 등을 행하여 운전사를 지원하는 시스템입니다.

단어설명

カーナビ 카 내비게이션 自動車(じどうしゃ) 자동차 搭載(とうさい) 탑재 道案内(みちあんない) 길안내 行(おこな)う 행하다 運転者(うんてんしゃ) 운전사 支援(しえん) 지원

問題２　これは何ですか。

예１ ヘッドホンです。

예２ 耳に装着して、音や音楽を聴くための装置です。

Q. 이것은 무엇입니까?

1. 헤드폰입니다.
2. 귀에 장착해서 소리나 음악을 듣기 위한 장치입니다.

단어설명

耳(みみ) 귀 装着(そうちゃく) 장착 音(おと) 소리 音楽(おんがく) 음악 聴(き)く 듣다 装置(そうち) 장치

問題３　これは何ですか。

예１ 炊飯器です。

예２ 米を炊いて飯にするための調理器具です。

Q. 이것은 무엇입니까?

1. 전기밥솥입니다.
2. 쌀을 지어 밥으로 만들기 위한 조리기구입니다.

단어설명

炊飯器(すいはんき) 전기밥솥 米(こめ)を炊(た)く 쌀을 짓다 飯(めし) 밥 調理(ちょうり) 조리 器具(きぐ) 기구

問題４　これは何ですか。

예 1 扇風機です。

예 2 風の流れで体感温度を下げる機器です。

Q. 이것은 무엇입니까?

1. 선풍기입니다.

2. 바람의 흐름으로 체감온도를 내리는 기기입니다.

단어설명

扇風機(せんぷうき) 선풍기 風(かぜ) 바람 流れ(なが) 흐름 体感(たいかん) 체감 温度(おんど) 온도 下げる(さ) 내리다 機器(きき) 기기

第３部 ▶ 敏速な応答

問題１　誰かに見られているような気がしますよ。

예 1 気のせいですよ。誰もいませんよ。

예 2 私もさっきからそんな気がしました。外に出てみます。

Q. 누군가가 나를 보고 있는 듯한 느낌이 들어요.

1. 신경성입니다. 아무도 없어요.

2. 저도 조금전부터 그런 느낌이 들었습니다. 밖에 나가 보겠습니다.

단어설명

気(き)がする 느낌이 들다 気(き)のせい 신경성 さっき 조금 전 外(そと) 밖 出(で)る 나가다

問題２　彼女も分からないんじゃないですか。

예 1 いいえ、彼女が分からないはずがないですよ。

예 2 昨日の話ではそうかもしれません。

Q. 그녀도 모르는 것이 아닙니까?
1. 아뇨, 그녀가 모를 리가 없습니다.
2. 어제의 이야기로는 그럴지도 모릅니다.

단어설명

分かる(わ) 알다 ～はずがない ～리가 없다 昨日(きのう) 어제 話(はなし) 이야기 ～かもしれない ～일지도 모르다

問題 3　吉岡さんの会社、つぶれたって。

예 1 やっぱり。去年から業績がまったくだめだったよ。
예 2 まさか。あんなに業績がよかったのに。

Q. 요시오까 씨의 회사, 망했다고 해.
1. 역시. 작년부터 업적이 전혀 안 좋았어.
2. 설마, 저렇게 업적이 좋았는데.

단어설명

つぶれる 찌부러지다, 망하다, 도산하다 去年(きょねん) 작년 業績(ぎょうせき) 업적 まさか 설마

問題 4　家で何か飼っていますか。

예 1 はい、猫一匹を飼っています。
예 2 子供が動物が好きなので子犬を飼っています。

Q. 집에서 뭔가 기르고 있습니까?
1. 예, 고양이 한 마리를 기르고 있습니다.
2. 아이가 동물을 좋아해서 강아지를 기르고 있습니다.

단어설명

飼う 기르다 猫 고양이 一匹 한 마리 子供 아이 動物 동물 子犬 강아지

問題５　毎日残業ばかりして疲れませんか。

예１ いいえ、まったく。

예２ こんな不景気に仕事があるだけで満足しています。

Q. 매일 잔업만 해서 피곤하지 않습니까?

1. 아뇨, 전혀.

2. 이런 불경기에 일이 있는 것만으로 만족하고 있습니다.

단어설명

毎日 매일 残業 잔업 まったく 전혀 不景気 불경기 仕事 일 満足 만족

第４部 ▶ 短い応答

問題１　休日は何をして過ごしますか。

예１ 休日は家でゆっくりと休むことが多いです。私は仕事が趣味な人間なので、休日も仕事をすることが多いです。だから、休日くらいはゆっくりとした時間を過ごすようにしています。読書や家の整理などをして、忙しい時間に備えるようにしています。

예２ 家族と一緒に出かけるようにしています。まだ子供が小さいので、子供の教育も兼ねて、いろんなところに出かけるようにしています。郊外までドライブをしたり、博物館や美術館にも行ったりします。

예３ 休日は学生時代の友人たちで集まることにしています。みんなで一緒に食事をしながら、たわいもない話を語り合いながら、楽しいひとときを過ごすようにしています。今のところ手軽にストレス解消できる方法です。

Q. 휴일은 무엇을 하고 보냅니까?

SJPT 제3회 실전모의고사 応答例

1. 휴일은 집에서 느긋하게 쉬는 경우가 많습니다. 저는 일이 취미인 인간이어서, 휴일도 일을 하는 경우가 많습니다. 그래서 휴일 정도는 느긋한 시간을 보내도록 하고 있습니다. 독서나 집의 정리 등을 해서 바쁜 시간에 대비하도록 하고 있습니다.
2. 가족과 함께 나가도록 하고 있습니다. 아직 아이가 어리기에 아이의 교육도 겸해서 여러 곳에 나가도록 하고 있습니다. 교외까지 드라이브를 하거나 박물관이나 미술관에도 가기도 합니다.
3. 휴일은 학생시절의 친구들끼리 모이도록 하고 있습니다. 다같이 함께 식사를 하면서 실없는 이야기를 서로 하면서 즐거운 한 때를 보내도록 하고 있습니다. 현재 손쉽게 스트레스를 해소할 수 있는 방법입니다.

단어설명

休日 휴일 過ごす 보내다 ゆっくり 느긋하게 休む 쉬다 仕事 일 趣味 취미 読書 독서 整理 정리 忙しい 바쁘다 備える 대비하다 家族 가족 一緒に 함께 出かける 외출하다 教育 교육 兼ねる 겸하다 郊外 교외 博物館 박물관 美術館 미술관 学生時代 학생시절 友人 친구 集まる 모이다 食事 식사 たわいもない 실없다 語り合う 서로 이야기하다 楽しい 즐겁다 今のところ 현재 手軽に 손쉽게 解消 해소 方法 방법

問題２　訪ねてみたい国はどこですか。

예 1　私の訪ねてみたい国はアメリカです。子供のころからアメリカに行くことが夢でした。アメリカではビッグアップルと言って、努力すれば誰でも成功者になれると言われています。私もたくさん努力をして、成功者になりたいです。

예 2　私の訪ねてみたい国はイスラエルです。私はクリスチャンなので、エルサレムにとても興味があります。キリスト教とユダヤ教、イスラム教という３つの宗教の聖地がある地です。今は宗教紛争が絶えませんが、いつか平和な時代が来ることを願っています。

예 3　私の訪ねてみたい国は日本です。学校で日本語は学んでいますが、まだ日本に行ったことがないです。いつか日本に行って、日本語で日本のみなさんとお話してみたいです。

Q. 방문해보고 싶은 국가는 어디입니까?

1. 제가 방문해보고 싶은 국가는 미국입니다. 어릴 때부터 미국에 가는 것이 꿈이었습니다. 미국에서는 빅애플이라고 해서, 노력하면 누구라도 성공한 사람이 될 수 있다고 일컬어지고 있습니다. 저도 많이 노력을 해서 성공한 사람이 되고 싶습니다.
2. 제가 방문해보고 싶은 국가는 이스라엘입니다. 저는 크리스천이기에 예루살렘에 매우 흥미가 있습니다. 기독교와 유대교, 이슬람교라는 3개의 종교의 성지가 있는 땅입니다. 지금은 종교분쟁이 끊이지 않습니다만, 언젠가 평화스러운 시대가 올 것을 기원하고 있습니다.
3. 제가 방문해보고 싶은 국가는 일본입니다. 학교에서 일본어는 배우고 있습니다만, 아직 일본에 간 적이 없습니다. 언젠가 일본에 가서 일본어로 일본의 여러분과 이야기해 보고 싶습니다.

단어설명

訪ねる 방문하다 国 국가 夢 꿈 努力 노력 誰 누구 成功者 성공자 興味 흥미 教 교 宗教 종교 聖地 성지 地 땅 紛争 분쟁 絶える 끊이다 平和 평화 学ぶ 배우다

問題３　幸せと感じるときはどんな時ですか。

예 1　私が幸せと感じる時は、何かを成し遂げた時です。仕事でも勉強でも趣味でも、完成させることは非常に重要なことです。大きな達成感を感じる時に、幸せを感じます。そして、また何かをやり遂げたいという新しいチャレンジ精神も沸いてきます。

예 2　私が幸せと感じる時は、仕事が終わって家に帰って来た時です。やはり家は良いですね。何とも言えない安心感があります。いくら世間が荒波のように厳しくても、家族がいることによる安心感があるので、仕事も頑張れます。

예 3　私が幸せを感じる時は、美味しいものを食べる時です。最高の息抜きだと思います。特に気心の知れた仲間たちと一緒に美味しい食事をすることは、最高に至福を感じる贅沢な時間だと思います。

Q. 행복하다고 느낄 때는 어떤 때입니까?

1. 내가 행복하다고 느낄 때는 뭔가를 달성했을 때입니다. 일도 공부도 취미도 완성시키는 것은 매우 중요한 것입니다. 큰 달성감을 느낄 때에 행복을 느낍니다. 그리고 또 뭔가를 달성하고 싶다는 새로운 도전정신도 솟아옵니다.
2. 내가 행복하다고 느낄 때는 일이 끝나고 집으로 돌아왔을 때입니다. 역시 집은 좋군요. 뭐라고도 말

할 수 없는 안심감이 있습니다. 아무리 세상이 격랑처럼 힘들어도 가족이 있는 것에 의한 안심감이 있기에 일도 열심히 할 수 있습니다.

3. 내가 행복하다고 느낄 때는 맛있는 것을 먹을 때입니다. 최고의 휴식이라고 생각합니다. 특히 속마음을 알 수 있는 동료들과 함께 맛있는 식사를 하는 것은 최고로 더 없는 행복을 느끼는 사치스러운 시간이라고 생각합니다.

단어설명

幸せ 행복 感じる 느끼다 成し遂げる 달성하다 仕事 일 勉強 공부 趣味 취미 完成 완성 非常に 매우 重要 중요 達成感 달성감 やり遂げる 이루다 新しい 새롭다 精神 정신 沸く 들끓다 終わる 끝나다 帰る 돌아오다 やはり 역시 安心感 안심감 いくら 아무리 世間 세상 荒波 풍파, 격랑 厳しい 엄하다, 힘들다 頑張る 열심히 하다 美味しい 맛있다 最高 최고 息抜き 잠시 숨돌림 特に 특히 気心 속마음 仲間 동료 食事 식사 至福 더 없는 행복 贅沢 사치

問題4　今の自分に満足していますか。

예 1　はい、今の自分に満足しています。私は運が良いことに、自分の望んでいた職業に就くことが出来ました。給料にも満足していますし、休日も比較的取りやすい職場です。今のところ不満はありません。

예 2　いいえ、今の自分に満足していません。今の自分はまだまだ未熟だと思います。特に学校での人間関係が難しいです。先生や友人たちと良い関係を築くことは、本当に大変なことだと感じています。だけど、あきらめずに頑張っていこうと思います。

예 3　はい、今の自分に大部分は満足しています。特にとても素敵な奥さんと結婚できたことが最高の幸せです。ふたりの子供にも恵まれ、相手の両親も良い方で、何も言うことはありません。

Q. 지금의 자신에게 만족하고 있습니까?

1. 예, 지금의 자신에게 만족하고 있습니다. 저는 운이 좋게도, 제가 원했던 직업을 구할 수 있었습니다. 급료에도 만족하고 있고, 휴일도 비교적 잡기 쉬운 직장입니다. 현재 불만은 없습니다.
2. 아뇨, 지금의 자신에 만족하고 있지 않습니다. 지금의 저는 아직 미숙하다고 생각합니다. 특히 학교에서의 인간관계가 어렵습니다. 선생님이나 친구들과 좋은 관계를 구축하는 것은 정말로 힘든 일

이라고 느끼고 있습니 다. 하지만, 포기하지 않고 열심히 해 나가려고 생각합니다.

3. 예, 지금의 자신에게 대부분은 만족하고 있습니다. 특히 매우 멋진 아내와 결혼할 수 있었던 것이 최고의 행복입니다. 두 명의 자식에게도 복을 받고, 아내의 부모님도 좋은 분이며, 아무 것도 말할 것은 없습니다.

단어설명

満足 만족 運が良い 운이 좋다 望む 원하다, 바라다 職業 직업 就く 취직하다 給料 급료 休日 휴일 比較的 비교적 取る 잡다 職場 직장 未熟 미숙 特に 특히 人間関係 인간관계 難しい 어렵다 友人 친구 築く 구축하다 本当に 정말로 大変だ 힘들다 あきらめる 포기하다 大部分 대부분 素敵だ 멋지다 奥さん 부인 結婚 결혼 最高 최고 幸せ 행복 恵まれる 복을 받다 相手 상대 両親 부모님 方 분

問題５　今の自分に不満がありますか。

예１ はい、今の自分には不満があります。生まれた時から家が金持ちの人たちに比べたら、自分は少し不利だと思っています。しかし不満ばかり言っても仕方がないので、少しでも満足できるように努力しようと頑張っています。

예２ いいえ、今の自分に不満はないです。確かに私の両親は金持ちではありませんが、とても愛情深い方です。そんな温かい家庭で育った私は、とても両親に感謝していますし、不満など考えたことがありません。

예３ はい、今の自分には少しだけ不満があります。それは、もう少し身長が高かったらということです。大部分は今の自分に満足していますが、この点だけは、今となっては自分の努力ではどうしようもないので、少しだけ不満です。

Q. 지금의 자신에 불만이 있습니까?

1. 예, 지금의 자신에게는 불만이 있습니다. 태어났을 때부터 집이 부자였던 사람들과 비교하면 자신은 조금 불리하다고 생각하고 있습니다. 그러나 불만만 말해도 방법이 없기에 조금이라도 만족할 수 있도록 노력하려고 최선을 다하고 있습니다.
2. 아뇨, 지금의 자신에게 불만은 없습니다. 확실히 저의 부모님은 부자는 아닙니다만 매우 애정이 많은 분입니다. 그런 따뜻한 가정에서 자란 저는 매우 부모님께 감사하고 있고, 불만이라고 생각한 적

이 없습니다.

3. 예, 지금의 자신에게는 조금이지만 불만이 있습니다. 그것은 좀 더 키가 컸으면 좋겠다는 것입니다. 대부분은 지금의 자신에 만족하고 있습니다만, 이 점만은 현재로서는 자신이 노력으로는 어떻게 할 방법도 없기에 조금만 불만입니다.

단어설명

不満 불만 生まれる 태어나다 金持ち 부자 少し 조금 不利 불리 仕方がない 어쩔 수가 없다 満足 만족 努力 노력 頑張る 최선을 다하다 確かに 확실히 愛情深い 애정이 많다 両親 부모님 温かい 따뜻하다 家庭 가정 育つ 자라다 感謝 감사 身長 신장 大部分 대부분 点 점

第５部 ▶ 長い応答

問題１　私たちはストレスが多い時代に生きていますが、あなたのストレス解消法は何ですか。

예１ 私のストレス解消法は、大自然のある場所に行くことです。海にしても山にしても自然に接すると心が落ち着きます。私の友人が郊外で農業をしているので、週末には家族と一緒に友人の家を訪れ、農業を手伝わせてもらって、自分の家で食べる野菜をいただいて帰ります。都市で生きることがストレスかと思っているので、老後は自分も郊外に引っ越して、ストレスのない余生を生きたいと考えています。

예２ 私のストレス解消法は、お風呂に入ってゆっくり寝ることです。お風呂に入るだけで、いつも緊張していて硬くなっている筋肉がほぐれるし、心もリラックスできます。そして体が気持ちよくなった状態で、ゆっくりと何も考えずに寝ることで、簡単にストレスが解消できます。非常に単純で簡単な方法なので、いつもストレスを感じた時には実践するようにしています。

예３ 私のストレス解消法は、登山をすることです。韓国のソウルは山に囲まれているし、街中にも山があります。ですから登山は国民的スポーツになっています。昼休みには、ちょっとした時間を利用して登山する人も多いくらいです。簡単に山に行けるので、私も日頃のストレスを解消するために、１週間から２週間に１回くらいは、山に登るようにしています。山の自然に接するだけで、心が癒されるし、山を制覇した達

成感もストレス解消にはとても良いと思います。

Q. 우리들은 스트레스가 많은 시대에 살고 있습니다만, 당신의 스트레스 해소법은 무엇입니까?

1. 저의 스트레스 해소법은, 대자연이 있는 장소에 가는 것입니다. 바다든 산이든 자연에 접하면 마음이 안정됩니다. 저의 친구가 교외에서 농업을 하고 있어서 주말에는 가족과 함께 친구 집을 방문하여 농업을 돕고 우리집에서 먹을 야채를 받아 귀가합니다. 도시에서 사는 것이 스트레스라고 생각하고 있기에 노후는 저도 교외로 이사해서 스트레스가 없은 여생을 살고 싶다고 생각하고 있습니다.
2. 저의 스트레스 해소법은, 목욕을 하고 푹 자는 것입니다. 목욕을 하는 것만으로 항상 긴장되어 굳어져 있는 근육이 풀리고 마음도 릴랙스할 수 있습니다. 그리고 몸이 기분이 좋아진 상태에서 느긋하게 아무것도 생각하지 않고 자는 것으로 손쉽게 스트레스를 해소할 수 있습니다. 매우 단순하고 간단한 방법이기에 항상 스트레스를 느꼈을 때에는 실천하도록 하고 있습니다.
3. 저의 스트레스 해소법은, 등산을 하는 것입니다. 한국의 서울은 산으로 둘러싸여 있고, 도시 안에도 산이 있습니다. 그래서 등산은 국민적 스포츠가 되었습니다. 점심시간에는 자그마한 시간을 이용해서 등산하는 사람도 많을 정도입니다. 손쉽게 산에 갈 수 있기 때문에 저도 평소의 스트레스를 해소하기 위해 일주일에서 이주일에 한 번 정도는 산에 오르도록 하고 있습니다. 산의 자연에 접하는 것만으로 마음이 치유되고, 산을 제패한 달성감도 스트레스해소에는 매우 좋다고 생각합니다.

응답예3

단어설명

時代 시대 生きる 살다 解消法 해소법 大自然 대자연 場所 장소 海 바다 ～にしても～にしても ～든～든 山 산 接する 접하다 落ち着く 안정되다 友人 친구 郊外 교외 農業 농업 週末 주말 家族 가족 一緒に 함께 訪れる 방문하다 手伝う 돕다 野菜 야채 帰る 돌아오다 都市 도시 老後 노후 引っ越す 이사하다 余生 여생 お風呂に入る 목욕하다 ゆっくり 느긋하게, 천천히 緊張 긴장 硬い 굳다 筋肉 근육 ほぐれる 풀리다 体 몸 気持ち 기분 状態 상태 簡単 간단 非常に 매우 単純 단순 方法 방법 実践 실천 登山 등산 囲む 둘러싸다 街中 동네, 마을 国民的 국민적 昼休み 점심시간 利用 이용 日頃 평소 週間 주일 登る 오르다 癒す 치유하다 制覇 제패 達成感 달성감

問題２　自分が思う私と人が評価する私は違う部分があると思いますが、あなたは人からどう思われていると考えますか。

예 1 私は、人からの評価はあまりよくないと思っています。なぜかと言えば、私は口下手なので、人に自分の思いを伝えることが下手です。おそらく口数が少ないことで、他人から誤解されることがたくさんあるように思います。誤解されても、その理由をうまく説明できないので、いつももどかしく思っています。だから自分の行動には気をつけるようにしています。無愛想に思われても、行動がきっちりしていれば、誤解も少なくなると思っています。

예 2 私は人から実際の自分よりも大きく評価されることが多いです。そして、そのことをとてもストレスに思っています。人から期待されているということかもしれないですが、自分の能力以上の期待をされると、時にはストレスを多く感じて、押しつぶされそうになります。もし期待に応えられなかったらと考えると、夜も眠れない日もありました。ですから、最近ではなるべく自分を小さく見せようと努力しています。相手があまり期待しないのに、実績が期待以上の方が、きっと嬉しいかと思ったからです。

예 3 私は人からは明るくてしっかり者と思われているようです。しかし、本当の私は落ち込んで暗くなることもあるし、時にはミスすることもあります。特に若い時はいろいろと失敗してたくさん落ち込みました。その結果、どうせ難しい道を歩むのであれば、明るく楽しく歩んだ方が気持ちが楽なことに気がついて、今の自分になりました。人からの評価は、今までの苦労の結果かと思います。これからも、明るくハッキリとした戦略を持って様々な問題を対処していきたいです。

Q. 자신이 생각하는 자기와 다른 사람이 평가하는 자기는 다른 부분이 있다고 생각합니다만, 당신은 다른 사람으로부터 어떻게 느껴지고 있다고 생각합니까?

1. 저는 다른 사람으로부터의 평가는 별로 좋지 않다고 생각하고 있습니다. 왜냐하면, 저는 말주변이 없기 때문에 남에게 나의 생각을 전하는 것이 서툽니다. 아마 말수가 적은 것으로 타인으로부터 오해를 받는 일이 많이 있는 것처럼 생각합니다. 오해를 받아도 그 이유를 잘 설명할 수 없기에 항상 답답하게 생각하고 있습니다. 그래서 자신의 행동에는 주의를 하도록 하고 있습니다. 무뚝뚝하게 생각되어도 행동이 똑 바르면 오해도 적게 될 거라고 생각하고 있습니다.
2. 저는 다른 사람으로부터 실제의 자신보다 크게 평가를 받는 경우가 많습니다. 그리고 그것을 매우 스트레스로 생각하고 있습니다. 다른 사람으로부터 기대를 받고 있는 것일지도 모릅니다만, 자신의 능력 이상의 기대를 받으면 때로는 스트레스를 많이 느껴서, 망가질 것 같습니다. 만일 기대에

부응을 못했다고 생각하면 밤에도 못 자는 날도 있었습니다. 그래서 최근에는 가능한 한 자신을 작게 보이도록 노력하고 있습니다. 상대가 별로 기대하지 않는데, 실적이 기대 이상인 쪽이 틀림없이 기쁠 거라고 생각했기 때문입니다.

3. 저는 다른 사람으로부터는 밝고 의지가 굳센 사람이라고 생각되고 있는 것 같습니다. 그러나, 본모습의 저는 풀이 죽어 어두워지는 경우도 있고, 때로는 실수하는 경우도 있습니다. 특히 젊을 때는 여러 가지 실패해서 많이 풀이 죽었습니다. 그 결과, 어차피 어려운 길을 걷는 것이라면 밝고 즐겁게 가는 편이 기분이 편해진다는 것을 알아차리고 지금의 자신이 되었습니다. 다른 사람으로부터의 평가는 지금까지의 고생의 결과라고 생각합니다. 앞으로도 밝고 분명한 전략을 가지고 다양한 문제를 대처해 가고 싶습니다.

단어설명

評価 평가 違う 다르다 部分 부분 あまり 그다지, 별로 口下手 말주변이 없음 伝える 전하다 下手だ 서툴다 おそらく 아마 口数 말수 少ない 적다 他人 타인 誤解 오해 理由 이유 説明 설명 もどかしい 답답하다 行動 행동 気をつける 주의하다 無愛想 무뚝뚝함 きっちり 똑바로 実際 실제 期待 기대 能力 능력 以上 이상 時には 때로는 感じる 느끼다 押しつぶす 뭉개 버리다, 억지로 없애다 もし 만일 応える 부응하다 夜 밤 眠る 자다 日 날 最近 최근 なるべく 가능한 한 見せる 보이다 努力 노력 相手 상대 実績 실적 きっと 틀림없이 嬉しい 기쁘다 明るい 밝다 しっかり者 의지가 굳세고 어기차서 흔들림이 없는 사람 本当 사실 落ち込む 좋지 않은 상태가 되다 暗い 어둡다 特に 특히 若い 젊다 失敗 실패 結果 결과 どうせ 어차피 難しい 어렵다 道 길 歩む 걷다 楽しい 즐겁다 楽だ 편하다 気がつく 알아차리다 苦労 고생 戦略 전략 様々な 다양한 対処 대처

問題３　長生きする時代になりましたが、あなたは老後はどのような生活がしたいですか。

예 1 私の老後は、健康な暮らしがしたいです。人は健康が一番だと思います。老後は収入が減りますが、健康でいれば、あまりお金を使わなくても生活できます。病気になれば、病院での治療費ほか多くのお金がかかりますが、健康であれば、そのような出費はありません。さらに、病気になれば心のストレスも大きいし、自分だけでなく周囲の人々にも多くの迷惑がかかります。ですから私は老後でも健康が維持できるように、適度な運動をしたり、ストレス解消を心がけたりするなど、日々努力をしていま

す。

예 2 私は老後は多くの家族に囲まれて暮らしたいです。昔は大家族が当たり前で、年老いても賑やかな家族に囲まれて暮らすことができました。しかし、近年は核家族化が進んで、寂しい老人が増えているようです。若い時は核家族でも生活する上であまり支障がないですが、老人になれば、体も思う通りに動かず、身の回りのこともままならなくなると思います。老人ホームも増えているようですが、やはり家族と一緒に自分の人生の終焉を迎えたいと思っています。

예 3 私の老後は、今までの都会での生活はやめにして、田舎に引っ越して、自分の食べる農作物を作りながら、自給自足で暮らしたいと思います。都会での暮らしは、一見恵まれているように見えますが、その反面、非常にストレスを多く感じる生活です。毎朝、満員電車で通勤して、会社では仕事で緊迫した時間を過ごし、毎晩、満員電車で帰宅します。街に出るといつも人でいっぱいで、自然はただ街路樹のみです。家族のために耐えてきた都会生活も、老後はやめにして、田舎で全く別の生活をしてみたいと考えています。

Q. 장수하는 시대가 되었습니다만, 당신은 노후는 어떤 생활을 하고 싶습니까?

1. 저의 노후는 건강한 생활을 보내고 싶습니다. 사람은 건강이 최고라고 생각합니다. 노후는 수입이 줍니디만, 건강하다면 그다지 돈을 사용하지 않아도 생활할 수 있습니다. 병에 걸리면 병원에서의 치료비 외에 많은 돈이 듭니다만, 건강하다면 그러한 지출은 없습니다. 더 나아가 병에 걸리면 마음의 스트레스도 크고, 자신뿐만 아니라 주위의 사람들에게도 많은 민폐가 됩니다. 그래서 저는 노후에도 건강을 유지할 수 있도록 적당한 운동을 하거나 스트레스해소법을 명심하거나 하는 등 나날이 노력을 하고 있습니다.
2. 저는 노후는 많은 가족에게 둘러싸여서 생활하고 싶습니다. 옛날에는 대가족이 당연해서, 나이를 먹어도 활기찬 가족에 둘러싸여 생활할 수가 있었습니다. 그러나 최근에는 핵가족화가 진행되어, 외로운 노인이 증가하고 있는 것 같습니다. 젊을 때는 핵가족이라도 생활하는데 있어서 별로 지장이 없습니다만, 노인이 되면 몸도 생각대로 움직이지 않고 신변도 뜻대로 되지 않습니다. 양로원도 증가하고 있는 것 같습니다만, 역시 가족과 함께 자신의 인생의 마지막을 맞이하고 싶다고 생각하고 있습니다.
3. 저는 노후는 지금까지의 도시에서의 생활은 그만두고, 시골로 이사해서, 내가 먹을 농작물을 만들면서 자급자족으로 생활하고 싶다고 생각합니다. 도시에서의 생활은, 얼핏 보면 복 받는 듯이 보입니다만, 그 반면, 매우 스트레스를 많이 느끼는 생활입니다. 매일 아침, 만원전철로 통근하고, 회사

에서는 일로 긴박한 시간을 보내며, 매일밤 만원전철로 귀가합니다. 거리에 나가면 항상 사람들로 넘치고 자연은 단순히 가로수뿐입니다. 가족을 위해서 참았던 도시생활도 노후는 그만두고 시골에서 완전히 다른 생활을 해보고 싶다고 생각하고 있습니다.

단어설명

長生き 장수 時代 시대 老後 노후 生活 생활 健康 건강 暮らし 생활 収入 수입 減る 줄다 使う 사용하다 病気 병 病院 병원 治療費 치료비 ほか 외 出費 지출 さらに 더 나아가 周囲 주위 迷惑 민폐 維持 유지 適度 적당 運動 운동 解消 해소 心がける 명심하다 日々 나날 努力 노력 囲む 둘러싸다 昔 옛날 大家族 대가족 当たり前だ 당연하다 年老いる 나이를 먹다 賑やかだ 번화하다, 활기차다 近年 근년 核家族化 핵가족화 進む 진행되다 寂しい 외롭다 老人 노인 増える 증가하다 若い 젊다 ～上で ～하는데 있어서 支障 지장 体 몸 思う通り 생각대로 動く 움직이다 身の回り 신변 ままならない 뜻대로 되지 않다 老人ホーム 양로원 やはり 역시 人生 인생 終焉 종언, 마지막 迎える 맞이하다 都会 도시 やめる 그만두다 田舎 시골 引っ越す 이사하다 農作物 농작물 作る 만들다 自給自足 자급자족 一見 언뜻 恵まれる 복 받다 反面 반면 非常に 매우 感じる 느끼다 毎朝 매일 아침 満員電車 만원전철 通勤 통근 仕事 일 緊迫 긴박 過ごす 보내다 毎晩 매일밤 帰宅 귀가 街 거리, 마을 自然 자연 ただ 단지 街路樹 가로수 のみ 뿐, 만 耐える 참다 全く 전혀 別 다른

問題４　今はとても恵まれた環境で暮らしています。万が一、無人島に行くことになったら、何を持って行きますか。

예 1　万が一、無人島に行くことになったら、私が以前ブッシュクラフトの本で読んだ５つのCを持っていこうと思います。それは自然界で手に入りにくい５つの道具で、ものを切るための道具、シェルター関係の道具、火の道具、容器や調理器具、ひも類です。以上の道具があれば、獲物を確保して調理し、雨に濡れずに寝ること、つまり食べ物と寝床が確保できれば、人は無人島でも何とか生き延びることができると思います。

예 2　万が一、無人島に行くことになったら、一番大切な家族を連れて行こうと思います。人は孤独が一番恐ろしいと思います。私はいつも家族に囲まれていたので、無人島では誰とも話ができないことが一番の恐怖です。それに無人島でも、家族がいてみんなで協力し合えば、いろんな知恵が浮かんできて、様々な困難に遭遇しても乗り越えられると思います。

예 3 万が一、無人島に行くことになったら、本を一冊だけ持って行こうと思います。その本とは、聖書のことです。無人島には人はいないし、生活環境も何もない中で生きなければなりません。私はクリスチャンです。このような危機的状況の中で、私たちクリスチャンにとって何よりも大切なものは、聖書かと思います。神様の歴史について記された聖書を読むことを通して、神様を感じることができ、そして生きる勇気が与えられます。

Q. 지금은 매우 복 받은 환경에서 생활하고 있습니다. 만일, 무인도에 가게 되었다면 무엇을 들고 갑니까?

1. 만일 무인도에 가게 된다면 제가 이전에 부쉬 크래프트의 책에서 읽은 5개의 C를 들고 가려고 생각합니다. 그것은 자연계에서 손에 넣기 어려운 5개의 도구로, 물건을 자르기 위한 도구, 셀터와 관련된 도구, 불의 도구, 용기와 조리도구, 끈 류입니다. 이상의 도구가 있으면 수렵물을 확보하여 조리하고, 비에 젖지 않고 자는 것, 즉 음식과 잠자리를 확보할 수 있으면 사람은 무인도라고 어떻게든 연명할 수가 있다고 생각합니다.
2. 만일 무인도에 가게 된다면 가장 소중한 가족을 데리고 가려고 생각합니다. 사람은 고독이 가장 두려운 것이라고 생각합니다. 저는 항상 가족에게 둘러싸여 있어서 무인도에서는 누구와도 대화를 할 수 없는 것이 가장 공포입니다. 게다가 무인도에서도 가족이 있고 다같이 서로 협력하면 여러 지혜가 떠올라 다양한 곤란을 당해도 극복할 수 있다고 생각합니다.
3. 만일 무인도에 가게 된다면 책을 한권만 들고 가려고 생각합니다. 그 책이라는 것은 성서를 말하는 것입니다. 무인도에는 사람이 없고, 생활환경도 아무 갓도 없는 속에서 생활해야만 합니다. 저는 크리스천입니다. 이러한 위기적 상황 속에서, 우리들 크리스천에게 있어서 무엇보다도 중요한 것은 성서라고 생각합니다. 신의 역사에 대해서 기록된 성서를 읽는 것을 통해서 신을 느낄 수가 있고, 그리고 살아가는 용기가 주어집니다.

단어설명

恵まれる 복 받다 環境 환경 暮らす 생활하다 万が一 만일 無人島 무인도 以前 이전 自然界 자연계 手に入る 입수하 다 道具 도구 切る 자르다 シェルター 셀터, 피난처 関係 관계 火 불 容器 용기 調理 조리 器具 기구 ひも 끈 類 류 以上 이상 獲物 수렵물 確保 확보 雨 비 濡れる 젖다 つまり 즉 寝床 잠자리 生き延びる 연명하다 大切だ 중요하다 連れる 동반하다 孤独 고독 恐ろしい 두렵다 囲む 둘러싸다 恐怖 공포 それに 게다가 協力 협력 동사ます형+合う 서로~하다 知恵 지혜 浮かぶ 떠오르다 様々な 다양한 困難 곤란 遭遇 조우 乗り越える 극복하다 一冊 한권 聖書 성서 生

活 생활 生きる 살다 危機的 위기적 状況 상황 ～にとって ～에 있어서 何よりも 무엇보다도 神様 신 歴史 역사 記す 기록하다 ～を通して ～을 통해서 感じる 느끼다 勇気 용기 与える 주다

第 6 部 ▶ 場面設定

問題 1　喫茶店でコーヒーを注文したら、紅茶が出てきました。その日はどうしてもコーヒーが飲みたかったので、店員に事情を伝えて交渉してみようと思います。コーヒーに交換してもらえるように、うまく店員にお話ししてみてください。

예 1 すみません。私はコーヒーを注文したのですが、紅茶が出てきました。このまま紅茶を飲むこともできますが、しかしどうしてもコーヒーが飲みたくてこの店を選びました。私はここのコーヒーが大好きです。ですから、できればコーヒーに交換していただけませんでしょうか。せっかくの紅茶が台無しで申し訳ないですが、どうかよろしくお願いします。

예 2 ちょっとすみません。オーダーについて手違いがあります。私はコーヒーを注文したのですけど、どうして紅茶が出てきたのでしょうか。おそらく紅茶だと店員の方が勘違いされたと思います。私は今日はどうしてもこの店のコーヒーが飲みたくて、この店にやって来ました。本当にここのお店のコーヒーは美味しいですよね。私の友人たちもこの店のファンです。どうかこの紅茶をコーヒーに交換していただけないでしょうか。

예 3 店員さん、ちょっと来てください。実は私はさっきコーヒーを注文したのですが、今出てきたのは紅茶でした。おそらくさっきの店員さんがオーダーを勘違いして聞き取られたんだと思いました。私はこの店にはいつもコーヒーを飲みに来ます。おたくのコーヒーは本当に美味しいですね。今日もコーヒーが飲みたくてこの店にやってきたんだけど。申し訳ないけど、どうかこの紅茶をコーヒーに交換していただけませんか。みんなにこのお店は接客も素晴らしいと宣伝しておきますよ。

Q. 커피숍에서 커피를 주문했더니 홍차가 나왔습니다. 그 날은 무슨 일이 있어도 커피를 마시고 싶었기 때문에 점원에게 사정을 전하고 교섭해 보려고 생각합니다. 커피로 교환해 받을 수 있도록 멋지게 점원에게 이야기해 봐 주세요.

1. 실례합니다. 저는 커피를 주문했습니다만, 홍차가 나왔습니다. 이대로 홍차를 마실 수도 있습니다

만, 그러나 어떻게든 커피를 마시고 싶어서 아 가게를 선택했습니다. 저는 이곳의 커피를 아주 좋아합니다. 그러니 가능하면 커피로 교환해 주실 수 없을까요? 모처럼의 홍차가 없던 일로 되어 버려 죄송합니다만 부디 잘 부탁합니다.

2. 잠시 실례합니다. 주문에 착오가 있습니다. 저는 커피를 주문했습니다만 왜 홍차가 나온 걸까요? 아마 홍차라고 점원 분이 착각하셨다고 생각합니다. 저는 오늘은 어떻게든 이 가게의 커피를 마시고 싶어서 이 가게에 왔습니다. 정말로 이곳의 커피는 맛있어요. 저의 친구들도 이 가게의 팬입니다. 부디 이 홍차를 커피로 교환해 주실 수 없겠습니까?
3. 점원 분, 잠시 와 주세요. 실은 저는 조금 전에 커피를 주문했습니다만, 지금 나온 것은 홍차였습니다. 아마 조금 전의 점원이 주문을 착각해서 들었다고 생각합니다. 저는 이 가게에는 늘 커피를 마시러 옵니다. 이 가게의 커피는 정말로 맛있군요. 오늘도 커피를 마시고 싶어서 이 가게에 왔습니다만. 죄송합니다만, 부디 이 홍차를 커피로 교환해 주실 수 없겠습니까? 모두에게 이 가게는 접객도 훌륭하다고 전하겠습니다.

단어설명

喫茶店 커피숍 注文 주문 紅茶 홍차 日 날 店員 점원 事情 사정 伝える 전하다 交渉 교섭 交換 교환 店 가게 選ぶ 선택하다 大好きだ 아주 좋아하다 せっかく 모처럼 台無し 못쓰게 됨 申し訳ない 죄송하다 手違い 착오 おそらく 아마 勘違い 착각 本当に 정말로 美味しい 맛있다 友人 친구 実は 실은 さっき 조금 전 聞き取る 듣다 おたく 댁 接客 접객 素晴らしい 멋지다 宣伝 선전

問題２　今日は仲間とハイキングに行く約束をしていましたが、台風が近づいているとのことで、約束を中止しようと思います。仲間の気持ちを害することなく、うまく説明してください。

예１ 実は今日のハイキングを中止にしようと思う。このハイキングはずいぶん前から計画していたことだし、みんなも楽しみにしていたと思う。だけど、さっきもニュースやネットで確認したが、台風が近づいているみたいだった。今はまだ晴れているけど、昼過ぎから雨が降りはじめて、夕方には本格的な大雨になるらしい。ちょっと慎重すぎると思われるかもしれないけど、もし大雨になったら一大事なので、大事をとって今日は中止ということで、仕切り直しにしようと思う。

예２ 今日のハイキングなんだ。とても急な話だけど、今日は中止にしようと思う。みんな

はどう思う。さっきからニュースで今晩にも台風が上陸すると大騒ぎしていた。確かに今は天気が良いね。私もこのハイキングは前からの計画で楽しみにしていたから、中止にするのはとても残念だ。しかし大雨でせっかくのハイキングが台無しになるのはもっと残念だね。大雨になってからでは手遅れなので、今日は中止にした方が無難だと思う。

예 3 さっきの台風のニュースを見たか。今日はハイキングに行く日だけど、中止にできないだろうか。ずっと前からの計画で、急に今日のニュースで中止にすることは、本当に残念だと思う。何とか強行してハイキングに行くことも考えてみたけど、ハイキングに無理して行って、向こうで大雨に降られて、災難に巻き込まれて大災害に遭ったら、取り返しがつかないと思った。だから無難に考えて、中止にできたらと思う。

Q. 오늘은 동료와 하이킹에 갈 약속을 했지만, 태풍이 다가온다고 해서 약속을 중지하려고 생각합니다. 동료의 마음을 해하지 않고 잘 설명해 주세요.

1. 실은 오늘의 하이킹을 중지하려고 생각해. 이 하이킹은 상당히 오래전부터 계획했던 것이고, 모두도 기대했다고 생각해. 하지만 조금 전에도 뉴스나 인터넷에서 확인했지만, 태풍이 다가오는 것 같았어. 지금은 아직 맑지만 점심 지나고 비가 내리기 시작하여 저녁에는 본격적인 큰 비가 내릴 것 같아. 좀 지나치게 신중하다고 생각될지도 모르지만, 만일 큰 비가 내리면 큰일이니까 신중을 기해 오늘은 중지하는 것으로 하고 다시 계획을 잡으려고 생각해.
2. 오늘의 하이킹이야. 매우 갑작스러운 이야기인데, 오늘은 중지하려고 생각해. 모두는 어떻게 생각해? 조금 전부터 뉴스에서 오늘밤에도 태풍이 상륙한다고 큰 소동이 있었어. 확실히 지금은 날씨가 좋아. 나도 이 하이킹은 전부터의 계획으로 기대하고 있었기에 중지하는 것은 매우 유감이야. 그러나 큰 비로 모처럼의 하이킹이 엉망이 되는 것은 더욱 유감이야. 큰 비가 내리고 나서 부터는 때를 놓치니 오늘은 중지를 하는 편이 무난하다고 생각해.
3. 조금 전의 태풍의 뉴스를 보았어? 오늘은 하이킹 하러 가는 날인데 중지할 수 없을까? 오래 전부터의 계획으로 갑자기 오늘의 뉴스 때문에 중지하는 것은 정말로 유감이라고 생각해. 어떻게든 강행하여 하이킹 하러 가는 것도 생각해 보았지만, 하이킹 하러 무리해서 가서, 거기서 큰 비를 맞아 재난에 휩쓸려버려 대재해를 당하면 돌이킬 수 없다고 생각했어. 그래서 무난하게 생각하여 중지할 수 있으면 좋겠다고 생각해.

단어설명

SJPT 제3회 실전모의고사 応答例

今日 오늘 仲間 동료 約束 약속 台風 태풍 近づく 다가오다 中止 중지 害する 손상하다 説明 설명 実は 실은 ずいぶん 상당히 計画 계획 楽しみ 기대 さっき 조금 전 確認 확인 晴れる 맑다 昼過ぎ 점심이 지남 雨 비 降りはじめる 내리기 시작하다 夕方 저녁 本格的 본격적 大雨 큰 비 慎重 신중 もし 만일 一大事 큰 일 大事をとる 신중을 기하다 仕切り直し 새로 함 急だ 갑작스럽다 今晩 오늘밤 上陸 상륙 大騒ぎ 큰 소동 確かに 확실히 天気 날씨 残念だ 유감이다 台無し 엉망진창 手遅れ 시기를 놓침 無難 무난 急に 갑자기 強行 강행 無理 무리 向こう 건너편 災難 재난 巻き込まれる 휩쓸리다 大災害 큰 재해 遭う 당하다 取り返しがつかない 돌이킬 수 없다

問題３　駅で道を聞かれましたが、自分は知らない場所でした。少し離れたところにインフォメーションセンターが見えます。相手の気持ちを不安にさせないように、インフォメーションセンターに誘導してみてください。

예１　この店は私も知りません。もし知っていたら教えてあげるんだけど、知らないので申し訳ないですね。向こうにインフォメーションセンターがあるんだけど、ここから見えますか。インフォメーションセンターに行けば、きっと店の場所を親切に教えてくれると思うんだけど、どう思いますか。もし良かったらインフォメーションセンターまで案内しますよ。ここから歩いてすぐだから、それが一番良い方法かと思いますよ。

예２　せっかくなんですけど、さっきからお話しされている場所は、実は私も知らない場所でどうしようかと困っていました。新しい店ですよね。きっと他の人に尋ねるよりも、もしかしたらインフォメーションセンターで尋ねてみた方が早いかもしれないですね。ここから歩いてすぐの場所にインフォメーションセンターがあるので、私もそこまでだったら案内しますよ。どうされますか。私にはそれが一番良い方法に思えます。

예３　あの、実は私もこの町のことをよく知らなくて、どう答えて良いか困っていました。この写真のお店を探しているんですよね。住所や電話番号も書いてありますよね。でしたら、私がさっき見かけたこの町のインフォメーションセンターに行って尋ねて見るのが早いように思います。すぐそこでしたので、ご案内しますよ。あそこだったらこの手の相談は何でも対応してくださると思うので、行ってみましょう。

Q. 역에서 길을 묻는 질문을 받았지만 자신은 모르는 장소였습니다. 조금 떨어진 곳에 인포메이션 센

터가 보입니다. 상대방의 마음을 불안하게 하지 않도록 인포메이션 센터로 유도해 봐 주세요.

1. 이 가게는 저도 모릅니다. 만일 알고 있다면 가르쳐 드리겠지만, 모르니 죄송하군요. 건너편에 인포메이션 센터가 있는데 여기서 보입니까? 인포메이션 센터에 가면 틀림없이 가게의 장소를 친절하게 가르쳐 줄 거라고 여기는데 어떻게 생각합니까? 만일 괜찮다면 인포메이션 센터까지 안내하겠습니다. 여기서 걸어가면 바로이니 그것이 가장 좋은 방법이라고 생각합니다.
2. 모처럼이지만, 조금 전부터 말씀하시는 장소는 실은 저도 모르는 장소로 어떻게 할지 난처했습니다. 새로 생긴 가게이군요. 틀림없이 다른 사람에게 물어보는 것보다 어쩌면 인포메이션 센터에서 묻는 편이 빠를지도 모릅니다. 여기서 걸어가면 바로 근처의 장소에 인포메이션 센터가 있으니 저도 그곳까지라면 안내하겠습니다. 어떻게 하시겠습니까? 저로서는 그것이 가장 좋은 방법이라고 생각됩니다.
3. 저, 실은 저도 이 마을에 관해서는 잘 모르니 어떻게 대답하면 좋을지 난처했습니다. 이 사진의 가게를 찾고 있는 것이죠? 주소나 전화번호도 적혀 있군요. 그렇다면 제가 조금 전에 발견했던 이 마을의 인포메이션 센터에 가서 물어보는 것이 빠른 듯이 생각합니다. 바로 근처에 있으니 안내하겠습니다. 저곳이라면 이런 종류의 상담은 뭐든지 대응해 주실 거라고 생각하니 가 봅시다.

단어설명

駅 역 道 길 聞く 묻다 場所 장소 少し 조금 離れる 떨어지다 相手 상대 気持ち 마음 不安 불안 誘導 유도 店 가게 教える 가르치다 申し訳ない 죄송하다 向こう 건너편 きっと 틀림없이 親切 친절 もし 만일 案内 안내 歩く 걷다 方法 방법 せっかく 모처럼 さっき 조금 전 実は 실은 困る 곤란하다 新しい 새롭다 尋ねる 질문하다 もしかしたら 어쩌면 早い 빠르다 町 마을 答える 대답하다 写真 사진 探す 찾다 住所 주소 電話番号 전화번호 書く 쓰다 見かける 발견하다 手 종류 相談 상담 何でも 뭐든지 対応 대응

第7部 ▶ 連続した絵

（1）町の交差点には人だかりが出来ていました。何やら事故があったようです。私は詳細を知りたく思い、人だかりの中に割り込んで入ってみました。すると交差点のど真ん中に車が止まっていて、傍には自転車と若い女性が倒れていました。全然動く

SJPT 제3회 실전모의고사 応答例

様子がありません。とても心配です。

（2）人ごみのなかの誰かが救急車に通報したようです。遠くから救急車のサイレンが聞こえます。次第にサイレンの音が大きくなり、救急車が到着しました。全然動かない女性の様態がとても心配ですが、救急車が到着したので、少し安心しました。

（3）それから１週間後、再び同じ交差点を通りかかりました。すると「死亡事故発生現場」という立て看板がありました。私はすぐに１週間前に目撃した交通事故で倒れていた女性のことを思い浮かべました。動かなかった女性は、病院に運ばれてお亡くなりになったのだろうと考えました。

（4）交差点の近くに花屋があったので、花を買って、「死亡事故発生現場」と書かれた立て看板の前に供えました。見も知らない若い女性でしたが、偶然にも事故の現場を目撃してしまったので、これも何かの因縁だと思い、静かに女性の冥福を祈りました。

1. 마을의 교차로에는 사람들이 모여 있었습니다. 뭔가 사고가 있었던 것 같습니다. 나는 상세한 것을 알고 싶다고 생각하여, 군중 속에 비집고 들어가 보았습니다. 그러자 교차로의 한 가운데에 자동차가 멈춰 있고, 옆에는 자전거와 젊은 여성이 쓰러져 있었습니다. 전혀 움직이는 모습이 없습니다. 매우 걱정입니다.
2. 인파 속의 누군가가 구급차로 통보를 한 것 같습니다. 멀리서 구급차의 사이렌이 들립니다. 점차로 사이렌의 소리가 커지며 구급차가 도착했습니다. 전혀 움직이지 않는 여성의 상태가 매우 걱정입니다만, 구급차가 도착해서 조금 안심했습니다.
3. 그리고 나서 일주일 후, 재차 같은 교차로를 우연히 지나갔습니다. 그러자 「사망사고 발생현장」이라는 입간판이 있었습니다. 나는 바로 일주일 전에 교통사고로 쓰러졌던 여성을 떠올렸습니다. 움직이지 않았던 여성은, 병원에 운반되어 돌아가셨을 것이라고 생각했습니다.
4. 교치로 근처에 꽃집이 있어서 꽃을 사서 「사망사고 발생현장」이라고 적힌 입간판 앞에 놓았습니다. 알지도 못하는 젊은 여성이었습니다만, 우연히도 사고 현장을 목격했기 때문에 이것도 뭔가의 인연이라고 생각하여, 조용히 여성의 명복을 빌었습니다.

단어설명

町(まち) 마을 交差点(こうさてん) 교차로 人(ひと)だかり 군중 出来(でき)る 생기다 何(なん)やら 뭔가 事故(じこ) 사고 詳細(しょうさい) 상세 割(わ)り込(こ)む 비집고 들어가다 すると 그러자 ど真(ま)ん中(なか) 한 가운데 止(と)まる 멈추다 傍(そば)・傍(かたわら) 옆 自転車(じてんしゃ) 자전거 若(わか)

い 젊다 女性(じょせい) 여성 倒(たお)れる 쓰러지다 動(うご)く 움직이다 様子(ようす) 모습 心配(しんぱい) 걱정 人(ひと)ごみ 인파 救急車(きゅうきゅうしゃ) 구급차 通報(つうほう) 통보 遠(とお)く 멀리 聞(き)こえる 들리다 次第(しだい)に 점차로 音(おと) 소리 到着(とうちゃく) 도착 様態(ようたい) 상태 安心(あんしん) 안심 週間後(しゅうかんご) 주일 후 再(ふたた)び 재차 同(おな)じ 같음 通(とお)りかかる 우연히 지나가다 死亡(しぼう) 사망 発生(はっせい) 발생 現場(げんば) 현장 立(た)て看板(かんばん) 입간판 目撃(もくげき) 목격 思(おも)い浮(う)かべる 떠올리다 病院(びょういん) 병원 運(はこ)ぶ 운반하다 亡(な)くなる 돌아가시다 近(ちか)く 근처 花屋(はなや) 꽃집 供(そな)える 바치다, 올리다 見(み)も知(し)らない 생면부지다 偶然(ぐうぜん) 우연 因縁(いんえん) 인연 静(しず)かに 조용히 冥福(めいふく) 명복 祈(いの)る 기도하다, 기원하다

응답예 3

MEMO

MEMO

Spec-up! Skill-up!
SJPT 3S 실전 모의고사

초판인쇄_ 2022년 6월 30일
초판발행_ 2022년 6월 30일
저자_ 이장우
펴낸이_ 이장우
펴낸곳_ 도서출판 예빈우
등록일자_ 2014년 1월 17일
등록번호_ 제 398 - 2014 - 000001호
주소_ 경기 남양주시 순화궁로 249 별내파라곤스퀘어 M동 1309호
전화_ 070-8621-0070
홈페이지_ www.yebinwoo.com (도서출판 예빈우)
www.leejangwoo.com (이장우닷컴)
이메일_ jpt900@hanmail.net

ISBN 979-11-86337-54-7(13730)